BERNEUIL.

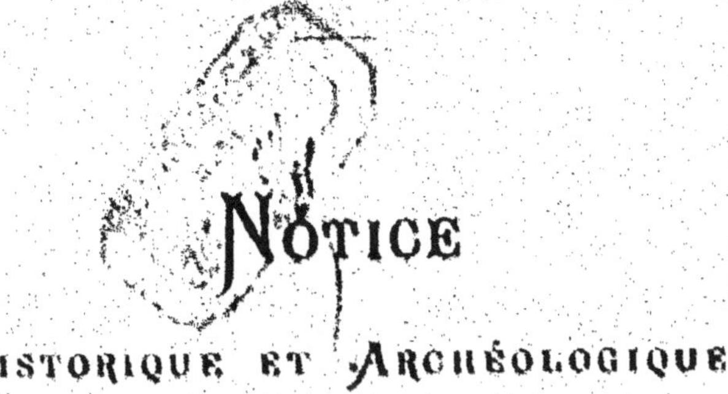

NOTICE

HISTORIQUE ET ARCHÉOLOGIQUE

PAR

M. l'abbé L.-E. DELADREUE

Curé de Saint Paul.

Correspondant du Ministère de l'Instruction publique,
Membre de la Société des Antiquaires de Picardie, de la Société Académique de l'Oise, etc.

BEAUVAIS

Imprimerie D. PÈRE, rue Saint-Jean

1861

BERNEUIL.

—

NOTICE

HISTORIQUE ET ARCHÉOLOGIQUE.

Lk
24868

BERNEUIL.

NOTICE

HISTORIQUE ET ARCHÉOLOGIQUE

PAR

M. l'Abbé L.-E. DELADREUE

Curé de Saint-Paul,

Correspondant du Ministère de l'Instruction publique,
Membre de la Société des Antiquaires de Picardie, de la Société Académique de l'Oise, etc.

BEAUVAIS

Imprimerie D. PÈRE, rue Saint-Jean

1881

BERNEUIL.

NOTICE

HISTORIQUE ET ARCHÉOLOGIQUE.

Au sud-est d'Auneuil, au milieu de riches cultures, de belles prairies et de mamelons boisés, s'étend la commune de Berneuil. Son vaste territoire a la forme d'un parallélogramme allongé, mesurant 5,400 mètres du nord au sud et 1,040 mètres de l'est à l'ouest. Il contient, d'après le cadastre, 1,511 hectares 72 ares 8 centiares. Les territoires des communes de Saint-Martin-le-Nœud et de Frocourt le bornent au nord, celui d'Auteuil à l'est. Ceux de la Neuville-Garnier et de Villotran le limitent au sud et celui d'Auneuil au nord-est. Il est à 12 kilomètres au sud de Beauvais et à 5 kilomètres d'Auneuil.

La constitution physique de son sol présente deux périodes géologiques bien distinctes et lui donne un aspect tout particulier. L'extrémité méridionale appartient à l'étage supérieur de la craie blanche et se relève brusquement en falaise, pour fournir sa portion à l'immense lèvre sud-ouest de l'accident géologique, à travers lequel est apparu ce soulèvement de couches inférieures connu sous le nom de Pays de Bray. Aux points les plus élevés, les altitudes, au-dessus du niveau de la mer, sont cotées 130 mètres au bois Sivert et 145 mètres au larris, vers Auteuil. Tout le reste du territoire, et c'est la plus grande partie, est de la nature du Pays de Bray, dont il forme presque l'extrémité sud.

Les diverses couches supérieures de cette formation s'y présentent dans un ordre assez régulier, mais avec des contours fort bizarres. Ainsi en allant perpendiculairement à l'axe du Bray, c'est-à-dire de l'ouest à l'est, ou du bas de la falaise à la ferme du Pont, vers Frocourt, on rencontre un vaste dépôt d'alluvions argileuses anciennes à silex, entre Berneuil et Vaux; puis, par zones successives très irrégulières et à contours dentelés, la craie glauconienne ou craie argileuse à grains verts, avec ses fossiles caractéristiques : *Ammonites varians*, *Ammonites Rotho-magensis*, *Pecten asper*, *Ostrea vesicularis*, *Holaster subglobosus*, qui se remarquent à Berneuil et à Vaux; la gaize ou marne argileuse jaunâtre, plus ou moins durcie par de la silice, avec ses fossiles : *Ammonites falcatus*, *Ammonites varians*, *Ammonites inflatus*, *Ostrea lateralis*. On traverse ensuite une couche peu large de gault ou argile téguline à *Ammonites Lyelli*, *Ammonites Deshayesanus*, *Ammonites latidorsatus*, *Nucula pectinata*, *Inoceramus sulcatus*; les sables verts quartzeux, sous les bois de Bizancourt et des Niards; l'argile grise ou ferrugineuse à grandes huîtres (*Exogyra sinuata*, *Ostrea aquila*), et un puissant dépôt de glaise panachée ou d'argile rose marbrée, propre à la fabrication des tuiles et des carreaux à paver.

Dans cette partie du territoire, les altitudes au-dessus du niveau de la mer sont bien moins élevées : ainsi on cote 138 mètres entre Vaux et Berneuil, 127 mètres à l'église de Berneuil, et 100 mètres à Bizancourt (1).

Les couches compactes du sous-sol argileux et glaiseux, difficiles à pénétrer par les eaux de pluie, rendent la plupart des terrains humides et plus propres à l'établissement des prairies qu'à toute autre culture. Aussi les agriculteurs intelligents de la localité savent tirer profit de cette nature du sol pour créer de

(1) GRAVES : *Essai sur la topographie géognostique du département de l'Oise*; 1847. — *Précis statistique sur le canton d'Auneuil*; 1843. — *Carte géologique du département de l'Oise*, par Ant. Passy; 1838. — De Lapparent : *Le Pays de Bray*; 1871. — La *Carte géologique de la France*, publiée par le ministère des travaux publics; feuille de Beauvais; 1873. — La *Notice explicative* de cette feuille 42. — Ch. Janet et Bergeron : *Excursions géologiques aux environs de Beauvais*; 1884. Extrait des *Mém. de la Soc. Acad. de l'Oise*, t. XII, première partie.)

vastes herbages où paissent et produisent de nombreuses têtes de bétail. Les sources y abondent, surtout à Berneuil, où, au milieu même du village, elles donnent naissance à un cours d'eau assez important. Ce ruisseau, nommé le ru de Berneuil, se dirige vers l'orient, passe auprès des Vivrots, des Boettes, au Pont, va traverser Froconrt et prend son cours vers Allonne, pour aller se jeter dans le Thérain, à Villers-sur-Thère.

Ce territoire, jadis complétement boisé, avec ses fondrières impraticables et ses fourrés inextricables, paraissait peu propre à l'habitation de l'homme; cependant les hommes de l'âge de pierre y séjournèrent, ou du moins y passèrent et y chassèrent, les haches, les pointes de flèche, les grattoirs, les couteaux en silex taillés et polis, trouvés çà et là, en sont les témoins irrécusables. Des Celto-Belges de la tribu des Bellovaques habitèrent ensuite ses forêts et cultivaient des coins de terre dans la zone occidentale, dans cette partie où la nature du sol leur offrait de l'eau et des terres propres à la culture des céréales et à la formation des prairies. Ils y vivaient paisiblement, quand l'invasion romaine cinquante-quatre ans avant Jésus-Christ, leur fit quitter la charrue pour l'arc et la lance; il fallait défendre son indépendance, et les hommes valides n'y faillirent point. La population fut décimée par la lutte gigantesque qui fut alors entreprise et soutenue avec une bravoure digne d'un meilleur succès. Les survivants des Bellovaques vaincus se retirèrent dans leurs bois et y reprirent la charrue et la conduite de leurs troupeaux. Bientôt des colons romains vinrent se fixer à côté d'eux. Petit à petit les haines s'apaisèrent, et, les intérêts communs rapprochant les personnalités, des groupes d'habitations se formèrent, des villages se fondèrent, grâce surtout à la sage administration des empereurs. Les Antonins firent accepter la domination romaine en favorisant l'agriculture et le commerce. C'est ainsi qu'ont été fondés *Berneuil* et *Four*, les deux localités les plus anciennement habitées du territoire que nous étudions. La culture s'étendant, des défrichements s'opérant, des exploitations agricoles nouvelles s'établissant donnèrent lieu, dans la suite des temps, à d'autres groupes d'habitations et aux hameaux ou écarts de *Bizancourt*, des *Boettes*, des *Vivrots*, des *Vlerets*, du *Pont*, du *Château d'Auteuil*, autrefois *La Folie*. Nous en parlerons, du reste, en suivant l'ordre.

I. — BERNEUIL.

1° Son origine. — Berneuil est le chef-lieu de la commune et la localité habitée la plus importante de ce territoire. Il est situé dans la partie sud-ouest, par la 21e minute du 49e degré ou 51e grade 81' 35" de latitude nord, et par la 16e minute ou 0 grade 30' de longitude occidentale du méridien de Paris. Ses maisons s'étalent dans un gracieux vallon ou sur les pentes des coteaux qui l'avoisinent. Caché pour ainsi dire derrière un rempart de grands arbres, on ne l'aperçoit qu'à très courte distance, et n'était l'église avec son curieux clocher s'élevant à pic au sud et émergeant au milieu du feuillage, comme pour appeler l'attention, on pourrait passer sur la route de Noailles sans se douter que l'on a touché à un important village. Si l'on y pénètre, on n'y trouve plus ou presque plus cet aspect misérable d'autrefois. Les anciennes maisons à murs en terre et à toiture en chaume disparaissent et sont remplacées par d'élégantes constructions en briques et pierre, à couvertures incombustibles. On y voit le confortable et on y sent l'aisance. M. Graves a pu dire, à une autre époque (1), que « les rues y étaient malpropres « et tenues dans un état continuel d'humidité, par l'effet des « plantations qui les ombrageaient toute l'année; » aujourd'hui cet état est bien changé. Les soins et les efforts intelligents de l'édilité communale ont rendu la voirie commode et bien entretenue. Une fontaine et un lavoir publics, établis sur la place, une bonne canalisation des eaux ont assaini ce village, jadis si fangeux, et lui ont donné un air de propreté qui fait plaisir.

Le village est fort ancien et son origine, comme nous l'avons dit, nous paraît remonter à l'époque gallo-romaine, du IIe au Ve siècle de notre ère. Sa fondation doit être contemporaine de celle d'Auneuil et d'Auteuil, localités voisines. La similitude de la physionomie des noms et la situation sur le bord du pays de Bray, sur la zone reconnue par les ethnographes pour avoir été la plus anciennement habitée, nous l'indiquent. L'étymologie et la forme primitive du nom confirment cette opinion. D'après

1. Graves : *Précis statistique du canton d'Auneuil.* 1851. p. 11.

les chartes les plus vieilles, Berneuil se disait *Barnogilum* au VII° siècle. Cette forme est incontestablement romane. Elle vient du celte latinisé ou roman *Bar*, *Barn*, chef, et du suffixe roman *ogilum*, habitation, donnant pour signification étymologique *Habitation du chef*. De cette forme du nom on peut donc conclure qu'il existait en cet endroit une habitation de chef militaire, avec ses dépendances et les demeures de ses hommes et de ses serviteurs, à l'époque où Celtes et Romains vivaient ensemble et parlaient une langue empruntant ses formes au génie des deux peuples. Ce groupe d'habitations a donné naissance au village, et ce devait être entre le II° et le V° siècles.

Le nom de *Barn ogilum* a subi bien des transformations pour en venir à la forme actuelle *Berneuil*; il a suivi, du reste, la marche de la langue, éprouvant les mêmes modifications sous l'influence des mêmes causes (1). Les chartes du moyen âge et celles des siècles suivants nous indiquent un grand nombre de ces variations. En 1147, on trouve *Barnodum* (*Barn* et *olum*, suffixe ayant la même signification que *ogilum*, dans la charte de confirmation des biens de l'abbaye de Saint-Paul; — *Barnou* et *Balnou* par mauvaise lecture, vers 1161, dans une lettre de Barthélemy de Montcornet, évêque de Beauvais, au roi Louis VII; — *Bernolum*, en 1210 (charte de l'abbaye de Saint-Paul ; — *Barneu*, en 1218, dans un accord entre le seigneur de Berneuil et le successeur de Garnier de Hermes, seigneur de La Neuville-Garnier; — *Bernollum*, en 1215, dans une charte de l'abbaye de Frollmont; — *Barnogum*, en 1293 (charte de l'abbaye de Beaupré; — *Barnol*, en 1315 (*Ibidem*); — *Barneu*, en 1373 (charte de l'abbaye de Saint-Paul); — *Barneul*, en 1511 (charte de l'abbaye de Saint-Symphorien ; — *Barneuil*, en 1527 (*Ibidem*); — *Berneul*, en 1580 (charte de l'abbaye de Saint-Paul, et *Berneuil*, au XVIII° siècle.

Berneuil doit son origine à l'établissement en cet endroit d'un chef militaire, son nom l'indique. Ce chef, dont le nom est resté

<hr>

(1) Consulter : J. Quicherat : *De la formation française des anciens noms de lieux.* — A. Horze : *Étude sur la formation des noms de lieu en France.* — H. Cocheris : *Origine et formation des noms de lieu;* Paris, 1871-1873. — Corblet l'abbé : *Hypothèses étymologiques sur les noms de lieux de Picardie;* Saint-Germain-en-Laye, 1851.

inconnu, pour se protéger, lui et les siens, bâtit une forteresse sur l'emplacement le plus élevé, au-dessus de l'église actuelle, et groupa autour d'elle les habitations de ses serviteurs. Avec l'aide de ses hommes, il se mit à défricher les bois environnants et à les mettre en culture. Il attira des colons (*hospites*) par l'appât des bénéfices et de la protection qu'il leur promit, et bientôt il eut formé une agglomération d'hommes et de maisons suffisante pour constituer un village; Berneuil était fondé. Ce chef eut des successeurs dans sa propriété, mais quels furent-ils? On n'en sait rien. À l'époque des grandes invasions des peuplades barbares venues de la Germanie, du IVe au Ve siècle, ce coin de terre a dû lui aussi être ravagé par ces féroces émigrants. Des membres de ces tribus errantes ont dû aussi s'y fixer. Peut-être des chefs francs ont-ils remplacé dans la forteresse de Berneuil les chefs gallo-romains qu'ils en avaient expulsés; c'est probable, mais l'histoire reste muette à ce sujet. Au XIe siècle seulement, les documents écrits nous révèlent des noms de seigneurs du lieu et l'existence d'une paroisse avec son église. Ces institutions existaient auparavant puisqu'on les trouve alors mentionnées dans les chartes, mais depuis quand? Silence encore absolu. Prenons-les donc à ce moment de leur existence et suivons-les dans leurs développements.

2° La seigneurie de Berneuil. — La seigneurie de Berneuil relevait en plein fief de l'évêché-comté-pairie de Beauvais, et ses possesseurs devaient à l'évêque-comte le stage militaire, les foi et hommage et les droits de relief au cas échéant. Les seigneurs avaient droit de justice haute, moyenne et basse, avec bailli et autres officiers subalternes pour l'exercer. Les appels de leurs sentences se faisaient primitivement au bailliage royal de Senlis, et plus tard, après 1580, ils se firent au bailliage de Beauvais.

Cette seigneurie était, au XIe siècle, en la possession de la puissante maison de Mouchy.

Le plus ancien seigneur connu est

DREUX ou DROGON DE MOUCHY (*Drogo de Monchiaco*). Ce chevalier vivait, en 1069, avec EDITHE DE VARESNE, sa femme, auparavant veuve de Gérard de Gournay. Il se croisa en 1096, combattit sous les ordres de Godefroy de Bouillon et mourut en

Terre Sainte. Les titres de l'abbaye de Saint-Symphorien de Beauvais le mentionnent parmi les bienfaiteurs de ce monastère pour lui avoir donné le droit d'usage et de pacage pour un âne dans ses bois de Berneuil. Ils citent en même temps, à la date de 1050, le même droit donné pour quatre ânes par Adam de Mouchy et Milesende, sa femme, ses parents (1).

DROGON II DE MOUCHY, fils de Drogon 1er, succéda à son père dans ses terres de Mouchy et de Berneuil. C'était un chevalier de grand renom, *magni nominis miles*, dit Suger (2), rempli d'audace et de bravoure. Malheureusement il gâtait ces qualités, comme bon nombre de seigneurs d'alors, par l'abus de sa puissance. Son plaisir était de chercher noise à ses voisins, de piller leurs propriétés, et même de s'en emparer, surtout quand c'était des biens ecclésiastiques ou monastiques. De ce côté, les représailles étaient moins à craindre. Il s'associa ainsi avec Bouchard de Montmorency et Mathieu, comte de Beaumont, pour dévaster les biens de l'abbaye de Saint-Denis. De ses châteaux-forts de Berneuil et de Mouchy, il ravageait les terres de l'église de Beauvais. Le Chapitre, pour faire cesser ses déprédations, l'excommunia et invoqua la protection du roi Philippe 1er. Le prince royal Louis le Gros marcha contre lui avec des troupes aguerries, tailla en pièces ses compagnies franches, démantela et rasa sa forteresse de Berneuil, le poursuivit jusque dans son château de Mouchy, enleva d'assaut la place et y mit le feu (1101). Drogon, vaincu, dut se rendre à discrétion. Quelque temps après, quand le danger fut passé, le fier châtelain recommença ses dévastations et se mit à restaurer ses donjons. Louis VI, dit le Gros, était alors monté sur le trône; il lui fit défense de relever ses forteresses et de continuer ses pilleries, et le pape Calixte II, étant à Beauvais (1119), le menaça de l'excommunication s'il ne cessait pas ses agissements. Drogon, rongeant son frein, fit des semblants de soumission, trop souvent démentis par ses actes, et, le 21 juillet 1119 seulement, il fit amende honorable à Villers-

(1) Arch. de l'Oise. *Abb. de Saint-Symphorien.* — Notes du cabinet de M. de Troussures.

(2) *Hist. de France : Sugeri vita Ludovici junioris.* t. XII.

Saint-Sépulcre, restitua les biens usurpés, et, pour compenser les dommages causés, renonça en faveur du Chapitre de Beauvais, le plus maltraité de ses voisins, à tous ses droits sur les villages de Cauvigny et de Longvillers. Il fut alors relevé de son excommunication (1).

Drogon de Mouchy, revenu à de meilleurs sentiments, prit la croix, en 1145, et accompagna le roi Louis VII, dit le Jeune, à la seconde croisade. Il mourut en Terre-Sainte vers la mi-carême de l'an 1148.

Il avait épousé ADA, citée avec lui dans les chartes, en 1108; d'autres la nomment BASILIE; peut-être celle-ci serait-elle une seconde femme. Quoiqu'il en soit, il n'eut de son mariage que deux filles :

  1° ODÉTIE ou EDÉVE DE MOUCHY.
  2° ERMENTRUDE DE MOUCHY.

Ces deux filles se partagèrent les propriétés de leur père et eurent chacune la moitié des seigneuries de Berneuil et de Mouchy.

ODÉVIE DE MOUCHY, trois fois mariée, épousa en premières noces NIVELON DE PIERREFONDS, chevalier très belliqueux, mais mauvais voisin. Convoitant toute la succession de son beau-frère, il s'en empara sans autre forme de procès, au grand détriment d'Ermentrude de Mouchy, sa belle-sœur. Celle-ci, de concert avec Drogon de Mello, son second mari, invoqua l'appui du roi pour sauvegarder ses intérêts, et Louis VII, dit le Jeune, vint attaquer le trop peu scrupuleux sire de Pierrefonds, s'empara de sa forteresse de Mouchy, la démantela et rétablit Drogon de Mello dans l'héritage de sa femme, en 1152. Nivelon mourut peu de temps après cette correction.

Odévie de Mouchy se remaria avec ENGUERRAND DE TRIE (2), fils de Guillaume de Trie, dit Aiguillon, seigneur de Trie-Château

----

(1) Louvet : *Hist. et Antiq. du Beauvaisis*, t. I, p. 112. — Delettre : *Hist. du dioc. de Beauvais*, t. II, p. 61. — Graves : *Précis statist. du canton de Noailles*, art. *Mouchy*. — A. Duchesne : *Hist. de France*, IVe vol., Epist. 288, p. 657. — D. Brial : *Recueil des Histor. des Gaules*, t. XVI, p. 11, édit. Palmé, revue par M. Léopold Delisle.

(2) Trie portait pour armoiries : *D'or, à la bande d'azur.*

et de Fresne, et de Marguerite de Gisors. Le nouveau sire de Mouchy entreprit de relever ses châteaux de leurs ruines et de restaurer surtout sa forteresse de Berneuil. Des matériaux furent apportés et des ouvriers furent mis à l'œuvre. Ces travaux inquiétèrent le voisinage et l'évêque de Beauvais lui-même, Barthélemy de Montcornet, s'en plaignit au roi (1). Louis VII envoya l'ordre de cesser l'entreprise, avec menace de faire détruire les ouvrages par ses troupes. Enguerrand de Trie savait comment le roi faisait respecter ses ordres, et il se contenta d'élever, avec son assentiment, une modeste résidence seigneuriale, dénuée de toute apparence de forteresse.

Dom Grenier donne pour emplacement à cette forteresse un

(1) La lettre de l'évêque Barthélemy de Montcornet est ainsi rapportée par André Du Chesne, dans le quatrième volume de son *Hist. de France*, Epist. 250, p. 667, et par D. Brial, dans le *Recueil des Histor. des Gaules*, t. XVI, p. 11, édit. Palmé, revue par M. Léopold Delisle : « *Carissimo Domino suo Ludovico Dei gratia excellentissimo Francorum Regi Bartholomeus Dei patientia Belvacensis ecclesie minister indignus salutem et promptum in omnibus obsequium. Dominus Ingerrannus de Trie vult facere firmitatem apud Batnow* (mauvaise lecture, lire *Barnou*), *sicut audivimus, et multam etiam his diebus adduci et coadunari fecit materiam. Firmitas ibidem antiquitus facta fuit sed quoniam ad perniciem nostre civitatis constructa erat, pater vester bone memorie rex Ludovicus* (Louis VII, dit le Gros) *eam destruxit, et quod deinceps firmitas ibi non fieret juramento firmavit. Preterea papa Callixtus, avunculus vester* (Guy de Bourgogne, pape sous le nom de Calixte II, était l'oncle d'Adélaïde de Savoie, mère de Louis VII, et grand-oncle du roi) *consentiens illud sub anathemate interdixit. Multi sunt in civitate nostra qui et juramentum patris vestri et sententiam excommunicationis a papa Callixto super hoc promulgatam audierunt. Unde vestram, de quo plene confidimus, deprecamur dilectionem, ut Ingerano et Drogoni socero ejus precipiatis, quod in loco predicto nichil edificent usquedum nos et illos vestra in presentia super hoc audialis.* »

Le Drogon dont il est ici parlé ne peut pas être Drogon de Mouchy, beau-père (*socer*) d'Enguerrand I; l'évêque de Beauvais, l'auteur de la lettre, ne devait pas ignorer que ce personnage si considérable était mort depuis quinze ans, et il savait fort bien que la seigneurie de Berneuil était partagée entre Enguerrand de Trie et Drogon de Mello, le mari d'Ermentrude de Mouchy. Ce Drogon de Mello ne serait-il pas celui dont il est ici question ?

tertre situé sur le bord du ruisseau, entre Berneuil et Bizancourt, au lieu où fut plus tard élevé le manoir du fief de La Salle. Nous ne connaissons pas les motifs qui ont déterminé ce saavant bénédictin à le fixer en cet endroit, mais nous serions assez porté à croire que ce château fortifié était au-dessus de l'église de Berneuil et dans son voisinage, et la ferme actuelle de Mme d'Agrain en serait un reste.

Odévie de Mouchy eut cinq enfants de son mariage avec Enguerrand de Trie :

> 1° JEAN DE TRIE.
> 2° ENGUERRAND DE TRIE.
> 3° PIERRE DE TRIE.
> 4° GUILLAUME DE TRIE, chanoine de Rouen.
> 5° ELISABETH DE TRIE, qui épousa Guy de Senlis, chevalier,
> seigneur de Chantilly et d'Ermenonville · · et bouteiller
> de France.

Devenue veuve une seconde fois, Odévie épousa en troisièmes noces, vers 1175, GAUTHIER DE MONY (1), et eut encore trois enfants :

> 1° JEAN DE MONY, qui épousa Agnès de Paris-Fontaine. Elle en
> était veuve en 1215.
> 2° DROGON DE MONY, official, puis archidiacre de Beauvaisie.
> 3° PÉTRONILLE DE MONY.

Après la mort d'Odévie, arrivée après 1197, sa part de la seigneurie de Berneuil fut partagée entre Jean de Trie et Drogon de Mony, ses enfants, et ils en donnèrent une partie en arrière-fief à Pierre de Berneuil, en s'en réservant les droits de mouvance.

En 1191, Jean de Trie possédait déjà une partie de la seigneurie de Berneuil; cette partie lui avait sans doute été donnée en dot lors de son mariage avec Alix de Dammartin. On le trouve, en effet, à cette date, faisant donation à l'abbaye de Saint-Paul du fonds et de la seigneurie du bois de Trapes, sis à Vaux (Berneuil), et cela du consentement d'Alix, sa femme, et en présence du comte de Dammartin, son beau-père, de Mathilde, sa belle-

----

1 Mony : De gueules fretté de six pièces d'or.

mère, de Jean de Montchevreuil, de Gauthier de Thibivillers, de Garnier de Hermes, de Garin, curé de La Bosse, et de Guillaume, curé de Trie-Château (1).

En 1218, ces deux seigneurs comparurent pour confirmer l'accord passé entre les seigneurs de La Neuville-Garnier et les habitants de Berneuil, au sujet du droit d'usage dans les bois du larris ou du Mont-Florentin. Les gens de Berneuil revendiquaient le droit de couper le bois qui leur était nécessaire pour leur chauffage et pour l'édification et la restauration de leurs maisons dans les bois de la seigneurie de La Neuville, droit qui leur avait été donné, disaient-ils, par le chevalier Garnier de Hermes, le fondateur et le premier seigneur de La Neuville. Les seigneurs de La Neuville ne niaient pas ce droit, mais ils voulaient le régler. Les habitants de Berneuil en usaient et abusaient tellement qu'ils eussent bientôt dévasté tous les bois de la seigneurie. Pour obvier à ce grave inconvénient, les seigneurs lésés essayèrent de cantonner les usagers de Berneuil, c'est-à-dire de leur fixer une portion des bois qu'ils pourraient couper à leurs loisirs, mais en dehors de laquelle il ne leur serait pas permis d'user de leur droit. L'entente fut difficile à établir, pourtant on finit par traiter et un accord écrit s'en suivit. Le cantonnement fut limité par le chemin de la crête du mont Sivert jusqu'au chemin du Champ-Renard, et désigné sur la pente qui descend vers Berneuil. Les seigneurs de La Neuville détermineront le lieu des coupes, et les usagers payeront annuellement à ces seigneurs, le lendemain de Noël, une obole pour chaque feu. Pour donner toute autorité à l'accord, les seigneurs de La Neuville et les gens de Berneuil n'ayant pas de sceaux, Jean de Trie, seigneur de Mouchy, et Drogon de Mouy y apposèrent les leurs (2).

---

1) Arch. de l'Oise : *Fonds de l'abb. de Saint-Paul. — Vaux.*

2. Cet accord était ainsi conçu :

« *Noverint universi quod cum querela esset inter dominos de Nova Villa, que fuit domini Garneri militis de Harmes, juxta Bannea, ex una parte, et homines de Bannea ex altera, super boscis de montibus, qui fuerunt dicti Garneri militis de Harmes, in quibus dicti homines de Bannea usum et consuetudinem se dicebant habere; tandem pro bono pacis, de consilio prudentum virorum, dicti domini de Nova Villa concesserunt predictis hominibus de Bannea quandam partem de predictis*

JEAN DE TRIE, chevalier, seigneur de Trie, Le Vaumain, Mouchy et Berneuil en partie, avait épousé : 1° LUCIE DE CHAUMONT (1), 2° avant 1193, ALIX DE DAMMARTIN (2), et fut à la bataille de Bouvines, en 1214. Il eut de son mariage avec Alix de Dammartin :

> 1° MATHIEU DE TRIE.
> 2° ENGUERRAND DE TRIE.
> 3° RENAUD DE TRIE, auteur de la branche des Trie, seigneurs de Fontenay.
> 4° BERNARD DE TRIE, qui fut avec son père à la bataille de Bouvines, et tua le cheval que montait Othon, empereur d'Allemagne.

boscis, sicut sunt et protenduntur a via, que dicitur de festo montis Nicarii usque ad viam Campi Renardi, pro quo dicti homines de Banneu, de quolibet foco, debent reddere sepedictis dominis de Nova Villa, vel eorum certo nuntio, singulis annis, unam obolam, in crastino Natalis Domini, apud Banneu; quod si non vellent reddere, inde deberent emendam dominis memoratis de Nova Villa; pro predictis autem debent ipsi domini de Nova Villa sercare dictum boscum prefatis hominibus de Banneu bona fide, et quandocumque requisiti fuerint ipsi domini a communitate hominum de Banneu, vel a majore parte eorum, quod velint scindere et capere in bosco predicto, quem per pacem nunc habent, ipsi domini de Nova Villa non poterunt eis denegare neque prohibere, sed de communi assensu dominorum de Nova Villa et hominum de Banneu fiet dictis hominibus assignatio ubi scindere et capient, et extunc alias non poterunt scindere vel capere, quousque totam illam partem nemoris continue bona fide exciderint, et tunc iterum, de communi assensu, ut supra dictum est reassignabitur eis ad scindendum vel capiendum. Quod si aliter facerent, inde deberent emendam dominis de Nova Villa. Quia vero sepedicti domini de Nova Villa vel homines de Banneu sigillum proprium non habebant, ego Johannes de Tria dominus de Monciaco et ego Drogo dominus de Moy, ad petitionem partium predictarum et ad petitionem Petri de Banneu, qui dictum boscum a nobis tenet cum alio feodo suo, in robur et testimonium presentes litteras sigillis nostris fecimus communiri. Actum anno gratie M CC octavo decimo. »

Bibl. Nat. — D. Grenier, t. CXIV, p. 161.

(1) Chaumont : Fascé d'argent et de gueules de 8 pièces.

(2) Dammartin : Fascé d'argent et d'azur de 6 pièces, à la bordure de gueules

5° CATHERINE DE TRIE, qui épousa Guillaume le Jeune, seigneur
de Carentan.

6° JEANNE DE TRIE, mariée à Robert Bertrand, baron de Bri-
quebec et maréchal de France.

RENAUD DE TRIE, chevalier, seigneur du Vaumain, de Berneuil en partie, etc., servit dans les armées de Philippe-le-Bel et
fut tué à la bataille de Courtray, en 1302. Il eut de son mariage
avec JEANNE DE HODENC :

1° GUILLAUME DE TRIE, évêque de Bayeux 1312-1324, puis archevêque de Reims 1324-1334.

2° JEANNE DE TRIE, mariée à Raoul de Harcourt, seigneur d'Au-
vers.

3° AGNÈS DE TRIE, dame de Saint-Paer.

4° MARGUERITE DE TRIE, mariée au seigneur de Longroy.

5° MATHIEU DE TRIE.

GUILLAUME DE TRIE, quoique d'église, fut seigneur du Vaumain et de Berneuil en partie, et légua tous ses biens, en mou-
rant, le 26 septembre 1334, à Mathieu de Trie, son frère.

MATHIEU DE TRIE, seigneur du Vaumain, d'Araines, de Berneuil en partie, de Ronquerolles et de Liancourt, maréchal de
France et l'un des hommes les plus célèbres du XIV° siècle. Il
avait épousé en premières noces JEANNE, dame D'ARAINES,
veuve de Raoul de Soissons, et en secondes noces, le 2 septembre 1334, IDE DE MAUVOISIN DE ROSNY, veuve de Jean,
comte de Dreux, seigneur de Montpensier. Le 17 mars 1334, il
assignait en douaire à sa seconde femme, pour tout le temps de
sa vie, les terres du Vaumain, Liancourt, Ronquerolles et Berneuil. Il mourut sans enfants le 26 novembre 1344; sa femme
lui survécut longtemps, sa mort n'arriva qu'en 1373 (1).

La partie de la terre de Berneuil appartenant à Mathieu de Trie
passa, après la mort de sa veuve, en 1373, à la branche des de
Trie, seigneurs de Sérifontaine, représentée alors par Renaud
de Trie, amiral de France, grand maître des arbalétriers, capi-

(1) V. P. Anselme : *Hist. des grands officiers de la couronne.* — Barré
le Vaumain : *Notice hist. et archéol.*

laine des châteaux de Saint-Malo et de Rouen, qui mourut sans enfants, en 1506.

ERMENTRUDE DE MOUCHY, la fille de Drogon de Mouchy et la sœur d'Odévie de Mouchy, avait hérité, comme nous l'avons dit, une partie de la seigneurie de Berneuil, à la mort de son père. Elle ne put en jouir tranquillement, tourmentée qu'elle fut par le premier mari de sa sœur, par Nivelon de Pierrefonds. Quand l'intervention royale eut rétabli la paix entre eux, Ermentrude, de concert avec Drogon de Mello, son mari (1), céda une partie de sa terre de Berneuil à Guillaume de Mello, seigneur de Bulles et de Mello, son beau-frère.

Ce GUILLAUME DE MELLO (2) apparaît comme seigneur de Berneuil en partie, en 1171, 1180, dans les titres de l'abbaye de Saint-Paul, et en 1193 il renonce, en faveur de cette abbaye, à tous les droits de propriété et de seigneurie qu'il pouvait avoir sur le bois des Trapes, sis à Vaux-Berneuil (3).

(1) Ermentrude de Mouchy fut deux fois mariée. D'après le P. Anselme (Hist. des grands officiers de la couronne, t. III, p. 155, et t. VI, p. 50, elle aurait épousé en premières noces Guillaume de Dampierre, seigneur dudit lieu, de Saint-Just et de Saint-Dizier, dont elle eut : 1° Guy de Dampierre ; 2° Milon de Dampierre ; 3° Elisabeth de Dampierre, mariée à Geoffroy d'Apremont ; 4° Helvide de Dampierre, qui épousa Jean de Montmirail ; 5° Odette de Dampierre, femme de Jean de Thourotte, châtelain de Noyon. Devenue veuve, Ermentrude épousa en secondes noces, avant 1158, Dreux ou Drogon IV de Mello, seigneur de Saint-Bris, près d'Auxerre, connétable de France, dont elle eut : 1° Guillaume de Mello, qui accompagna saint Louis à la croisade et mourut dans l'île de Chypre, en 1248 ; 2° Drogon de Mello, qui fut aussi à la croisade et mourut pareillement en 1248 ; 3° Agnès, mariée à Garnier de Trayrel, seigneur de Marigny, 4° N., mariée à Archambauld de Bourbon, et 5° Jeanne, comtesse d'Eu.

(2) Mello : D'or, à deux fasces de gueules, à l'orle de six merlettes de même.

(3) Ego Willelmus de Merlolo, et Roixaldus filius meus, et Hasilia soror mea, notum facimus tam presentibus quam futuris, quod dominium et quicquid in bosco de Trapis clamacimus, ecclesie Beate Marie Sancti

Il était fils de Drogon de Mello et de N. de Bourgogne, et il avait épousé ERMENTRUDE DE BULLES, dont il eut :

1° RENAUD DE MELLO, seigneur de Bailleul-sur-Thérain et de Berneuil.
2° PIERRE DE MELLO, seigneur de Mello.
3° MANASSÈS DE MELLO, mort vers 1216.
4° GUILLAUME DE MELLO, chanoine de Beauvais, fait prisonnier par les Anglais avec Philippe de Dreux, son évêque, au combat de Milly (1197).
5° BASILIE DE MELLO, qui épousa Guillaume de Gerberoy.

RENAUD DE MELLO, seigneur de Bailleul-sur-Thérain, de Berneuil en partie et de Villers-sur-Thère, épousa GERTRUDE, dont il n'eut qu'une fille, ELISABETH DE MELLO. Ce seigneur, très puissant d'ailleurs, eut maille à partir avec le belliqueux évêque de Beauvais, Philippe de Dreux, surtout à l'occasion de la construction de son château-fort de Bailleul, bâti en 1202. L'évêque, trouvant dans cette forteresse un danger pour son autorité, l'attaqua avec ses guerriers et s'en empara en 1212, et en chassa Renaud.

ELISABETH DE MELLO, dame de Berneuil, apporta ses fiefs de Bailleul et de Berneuil à SIMON DE DARGIES (1), seigneur de Dargies, son mari. De son mariage naquirent :

1° RENAUD DE DARGIES, qui suit.
2° SIMON DE DARGIES, châtelain de Roye.
3° GOBERT DE DARGIES.

RENAUD DE DARGIES, chevalier, seigneur de Dargies, Berneuil,

Pauli, pro salute animarum nostrorum et predecessorum nostrorum et pro beneficio ob eadem ecclesia recepto scilicet a libris Belcacensium, in perpetuam elemosinam donavimus ad disrumpendum. Quod ne possit oblicione deleri, auctoritatibus nostrorum sigillorum confirmavimus. Hujus rei testes sunt magister Gallerus et magister Willelmus, Ivo Telonearius, Petrus de Braiceol. Hoc itaque factum est anno ab Incarnatione Domini M° C° LXXXVIII°, Philippo regnante in Gallia : Ermengart existente predicte ecclesie abbatissa.

Arch. de l'Oise : Fonds de l'abb. de Saint-Paul. — Vaux.

(1) D'Argies ou de Dargies : D'or, à l'orle de merlettes de sable.

Breteuil et Catheux, épousa JEANNE DE SOISSONS, qui fut enterrée dans l'abbaye de Beaupré. De leur mariage naquirent :

> 1° GOBERT DE DARGIES, qui suit.
> 2° RENAUD DE DARGIES, seigneur de Boulogne.

GOBERT DE DARGIES, chevalier, seigneur de Dargies, Berneuil,
Catheux, etc., épousa AGNÈS DE BRUYÈRES (1), avec qui il vivait
en 1271, et qui était remariée, en 1286, avec Aubert de Hangest,
seigneur de Genlis. Gobert de Dargies ne laissa que deux filles
pour hériter de ses biens :

> 1° JEANNE DE DARGIES, dame de Dargies et de Catheux, qui
> épousa : 1° en premières noces, Hugues, comte de Soissons ;
> 2° Jean de Clermont, seigneur de Saint-Just, baron de Cha-
> rolais, mort en 1316 ; 3° Hugues de Châtillon-Saint-Paul,
> seigneur de Leuze.
> 2° EUSTACHE DE DARGIES, dame de Bailleul et de Berneuil.

EUSTACHE DE DARGIES, dame de Bailleul-sur-Thérain et de
Berneuil, apporta ses terres et seigneuries dans la maison de
Barbançon en épousant N. DE BARBANÇON (2), seigneur dudit
lieu. De leur mariage vinrent :

> 1° JEAN DE BARBANÇON.
> 2° HUGUES DE BARBANÇON.

JEAN DE BARBANÇON, chevalier, seigneur de Barbançon, Bailleul-sur-Thérain, Berneuil en partie, etc., partagea avec son frère
les terres de Berneuil provenant de la succession de sa mère. Il
mourut en 1375, laissant ses terres de Berneuil à Eustache de
Barbançon, sa seconde fille, issue de son mariage avec YOLANDE
DE GAVRE, alias DE LENS.

EUSTACHE DE BARBANÇON, dame et héritière de Barbançon,
de Berneuil, de Bailleul-sur-Thérain, de Bonneuil, etc., épousa
JEAN II DE LIGNE (3), baron de Ligne, seigneur de Montreuil-

---

(1) Bruyères : *De sable, à la bande d'or.*

(2) Barbançon : *De gueules, à trois lions d'argent couronnés d'or.*

(3) Ligne : *D'azur, à la bande d'or.*

sur-Aisne, dont elle eut sept enfants : Guillaume, Jean, Michel, Guillaume le Jeune, Jeanne, Sibille et Marie.

Le 31 juillet 1396, Eustache de Barbançon, de concert avec son mari, vendit à Louis II, duc de Bourbon, comte de Clermont, les deux parts par indivis du fief de Berneuil, avec les châteaux de Bonneuil et de Bailleul-sur-Thérain (1). Le 25 juillet de l'année suivante, 1397, Gilles de Barbançon, chevalier, et Jean de Barbançon, écuyer, fils de Hugues de Barbançon, cédèrent au duc de Bourbon le tiers qui leur appartenait indivisément dans les terres et seigneuries de Bonneuil, de la Warde-Mauger, de Berneuil. Le duc de Bourbon réunit ainsi dans sa main tout le fief de Barbançon et fut seigneur, en partie, de Berneuil.

Le duc LOUIS II DE BOURBON (2), duc de Bourbonnais et comte de Clermont, mourut le 19 août 1410 et laissa ses seigneuries à Jean Ier, son fils, issu de son mariage avec ANNE, dauphine D'AUVERGNE.

JEAN Ier DE BOURBON, duc de Bourbonnais et comte de Clermont, posséda donc une partie de la seigneurie de Berneuil. Né en mars 1381, il avait épousé, le 24 juin 1400, MARIE DE BERRY, fille de Jean, duc de Berry. Armagnac, comme son père, il prit parti pour la maison d'Orléans contre le duc de Bourgogne, fut fait prisonnier à la bataille d'Azincourt (1415), emmené en Angleterre, où il mourut dans la tour de Londres, en janvier 1434. Il eut pour enfants :

1° CHARLES DE BOURBON, qui suit :
2° LOUIS DE BOURBON, mort à Louvres en 1453 et inhumé aux Célestins de Senlis.
3° LOUIS DE BOURBON, auteur de la branche de Montpensier.

CHARLES Ier DE BOURBON, duc de Bourbonnais et comte de Clermont, son fils aîné, lui succéda en 1434. Depuis la bataille d'Azincourt, il administrait les biens de son père, d'accord

(1) De Lugny : *Le comté de Clermont en Beauvaisis.* p. 192 — Arch. Nat., P 1372 cote 1731.

(2) Bourbon doré de : D'azur, à trois fleurs de lys d'or, à la bande de gueules.

avec sa mère. Il embrassa le parti du dauphin, qui le nomma
(1420) capitaine général en Languedoc et en Guyenne, fut battu
(1421) à la journée des Harengs, engagea avec le duc de Bourgogne (1431) des hostilités bientôt terminées et contribua à la
paix d'Arras (1435). En 1440, il se mit à la tête d'une conspiration contre le roi; mais quoique soutenu par le dauphin, par le
duc d'Alençon, le comte de Vendôme, le comte de Dunois et un
grand nombre de seigneurs, il fut promptement obligé de faire
sa soumission. Une nouvelle conspiration (1442) n'eut pas plus
de succès. Il mourut le 5 décembre 1456. Ce prince, né en 1401,
avait épousé, le 17 septembre 1425, AGNÈS DE BOURGOGNE (1),
fille du duc Jean-Sans-Peur, et en avait eu :

1° JEAN II DE BOURBON, dit le Bon, qui suit :
2° PHILIPPE DE BOURBON, seigneur de Beaujeu, mort jeune.
3° CHARLES DE BOURBON, né en 1437, archevêque de Lyon (1445,
    légat d'Avignon (1465), cardinal (1476), évêque de Clermont
    (1477, mort en 1488.
4° PIERRE DE BOURBON, qui succéda à son frère Jean.
5° LOUIS DE BOURBON, évêque de Liège, massacré par le comte
    de La Marck, en 1482.
6° JACQUES DE BOURBON, mort sans alliance en 1468.
7° MARIE DE BOURBON, mariée en 1437 à Jean d'Anjou, duc de
    Calabre.
8° ISABELLE DE BOURBON, qui épousa (1454) Charles, duc de
    Bourgogne.
9° CATHERINE DE BOURBON, mariée, en 1463, à Adolphe d'Eg-
    mont, duc de Gueldres.
10° JEANNE DE BOURBON, épouse de Jean de Châlons, prince
    d'Orange.
11° MARGUERITE DE BOURBON, mariée, en 1472, à Philippe de
    Savoie.

Le fief que tenait à Berneuil Charles de Bourbon est ainsi décrit dans le dénombrement présenté au roi par Guillaume de
Hellande, évêque de Beauvais, en 1451 :

---

(1) Bourgogne : Écartelé : au 1 et 4 semé de France à la bordure com-
ponnée d'argent et de gueules. Au 2 et 3 bandé d'or et d'azur de six pièces
à la bordure de gueules : et sur le tout d'or au lion de sable, armé et
lampassé de gueules.

Item ung fief qui fut et appartint au seigneur de Barbenchon et que possesse de présent, par acquisition, Monseigneur le duc de Bourbon, séant à *Barneu*, tenu de moy, à cause de ma dicte comté, auquel appartiennent dix-huiet arpens de bois, au lieu que on dict le Bois de Dargges.

Item ès Constames dudiet Barneu six vingtz arpens de bois.

Item ung arpent de pré que on dict le Pré des Saulx.

Item la huictiesme partye au pré Evroalt (al. Carouil).

Item le quart au pré des Viviers.

Item la sixieme partye au pré que on dict le Pré Jenin.

Item le quart au pré de Louvencourt.

Item la huictiesme partye au pré Baillet.

Item la sixiesme au pré Blondel.

Item la sixiesme au pré Fouache.

Item le sixiesme au pré des Saulons.

Item le sixiesme au pré que tient Estienne Vaillant, nommé le Pré des Noes Tassart.

Item le sixiesme ès Noes qui furent Jehan de Fonteuil (al. Fouteuil).

Item le huictiesme ès prez que on dict les Breux (al. les Boeux).

Item le huictiesme au pré que on dict les Mirouelle.

Item le huictiesme ès campars dudiet lieu.

Item les hostes et soubsmanans audiet fief doibvent à mondiet seigneur de Bourbon, à cause dudiet fief, s'il va audiet Barneu, lits pour ses gens.

Item est deu de cens chacun an, audiet lieu cinquante six sols, dix chappons et demy et vingt six mynes d'avoyne.

Item la huictiesme partye de la justice et proffets d'icelle, de toute la ville, terre et seigneurie dudiet Barneu, à l'encontre de mes aultres vassaulx, seigneurs en partye dudiet lieu, lesquels n'ont aulcune congnoissance de justice en tous les bois et terres appartenans aux religieux de Biaupré (1, audiet Barneu, mais appartient seulement à mondiet seigneur le duc, avec deux hommes de corps, l'ung nommé Drouet d'Espaub... et l'aultre Drieu d'Espaubourg. Duquel fief sont tenus par deux hommages avec aultres fiefs déclarez au dénombrement de dame Blanche d'Omont, tenus en partye de mondiet seigneur le duc, à l'encontre de la dicte dame et de ses consors seigneurs en partye dudiet Barneu avec mondiet seigneur le duc.

Et premièrement le seigneur de Paillart, à cause de Jehanne de L'Englentier, sa femme, en tenoit ung fief auquel appartenent soixante arpens de bois séans ès Constames de Barneu.

Item vingt deux arpens de bois, joingnant tout au long à la forest du-

---

1. L'abbaye de Beaupré (ordre de Citeaux), située entre Achy et Marseille (Oise).

dict Barneu, desquels bois mon dict seigneur le duc a la justice à la
suicte de aulcuns emportans le dict bois sans congié jusques à la tierce
main.

Item quarante trois mynes de terre en deux pièces.

Item le senca des dicts bois.

Item dix arpens de pré séans és descroupis de Vaulx, joignant aux
bois de la damoiselle de Longue Eaue.

Item dix neuf arpens de descroupis qui joignent aux dicts prez.

Item le quart és prez des Bruyères.

Item la huictiesme partye au pré Aumont.

Item la sixiesme au pré Jenin.

Item le quart au pré de Reposoir.

Item le huictiesme au pré de Valeton.

Item le sixiesme au pré Blondel.

Item le sixiesme au pré des Saulons.

Item le sixiesme au pré Bizet.

Item le sixiesme au pré des Noes.

Item le sixiesme au pré des Noes Jehan de Fonteny.

Item le huictiesme és Brieux.

Item le huictiesme au pré Mironelle.

Item la huictiesme partye de tous les campars dudict Barneu qui sont
en commun.

Item de cens, chacun an, nœuf sols, seize chappons et trente deux
mynes d'avoyne, avec ventes, deffonsages, rouges, espaves, haulte,
moyenne et basse justice, et le huictiesme de la justice commune; à
l'encontre des aultres seigneurs dudict Barneu.

Au duc Charles succéda dans la possession de ses fiefs JEAN II
DE BOURBON, son fils aîné, qui fut aussi comte de Clermont,
créé connétable en 1483 et mourut le 1ᵉʳ avril 1488. Il n'eut point
d'enfant de JEANNE DE FRANCE, fille du roi Charles VII, qu'il
avait épousée en 1447.

Il eut pour héritier de ses titres et domaines son frère,
PIERRE II DE BOURBON, sire de Beaujeu, qui força son frère,
le cardinal Charles de Bourbon, à renoncer à la succession.
Il avait épousé, le 3 novembre 1473, ANNE DE FRANCE, fille
aînée de Louis XI, qui devint régente pendant la minorité de
Charles VIII. Pierre de Bourbon mourut à Moulins, le 8 octobre 1503.

Après sa mort, son fief de Berneuil, comme le duché de
Bourbon et le comté de Clermont, échut, son fils aîné Charles
étant mort jeune, à sa fille SUSANNE DE BOURBON, née le 10

mai 1491, qui épousa, le 10 mai 1505, son cousin CHARLES II DE BOURBON, fils de Gilbert, comte de Montpensier, duc de Bourbonnais et d'Auvergne, si tristement connu dans l'histoire sous le nom de Connétable de Bourbon [1].

Le 13 janvier 1506, son procureur Jean de L'Argillière, seigneur de Valescourt, fit pour lui et sa femme les foi et hommage à l'évêque de Beauvais, pour son fief de Berneuil [2].

En 1511, Susanne, duchesse de Bourbonnais et d'Auvergne, comtesse de Clermont, donnait saisine à l'abbaye de Saint-Symphorien de Beauvais d'un fief contenant 310 arpents de bois sis à Berneuil [3], lieudit le Bois d'Argies.

Charles II de Bourbon, le plus riche seigneur de la chrétienté, se distingua au combat d'Aguadel (1509) ; créé connétable, en 1515, il contribua puissamment à la victoire de Marignan. Vice-roi du Milanais, il repoussa Maximilien, mais fut bientôt rappelé par les intrigues de Louise de Savoie, qui lui avait voué une haine implacable, et qui lui disputa, quand il fut devenu veuf (28 avril 1521), l'héritage de sa femme, comme étant sa plus proche héritière. Un arrêt du Parlement ayant provisoirement ordonné le séquestre des biens en litige, Charles II de Bourbon, pour se venger, noua des intrigues avec l'empereur Charles-Quint et lui promit de faire soulever plusieurs provinces en France, en sa faveur. La conspiration ayant été découverte, il se sauva en Franche-Comté, d'où il passa en Italie (1523), et fut l'un des principaux auteurs des revers des armées françaises au-delà des monts. Il envahit la Provence, assiégea Marseille, contribua à nous faire perdre la bataille de Pavie (1525), et fut tué au siège de Rome, le 6 mai 1527. Sa femme, Susanne de Bourbon, était morte à Châtellerault, accablée de tristesse, le 28 avril 1521. Un arrêt du Parlement, du 16 juillet 1527, réunit au domaine royal tous les biens du connétable.

Le fief de Berneuil eut le même sort. Le roi François Ier le donna viagèrement (1527) à LOUISE DE SAVOIE, sa mère, avec le comté de Clermont, et elle les garda l'un et l'autre jusqu'à sa

---

1. P. Anselme : *Hist. de la maison royale de France*, t. I, p. 301-314.

2. De Beauvillé : *Documents inédits concernant la Picardie*, t. I, p. 183.

3. Arch. de l'Oise : *Fonds de l'abb. de Saint-Symphorien.*

mort, arrivée le 23 septembre 1531. Ils firent alors retour à la couronne et le roi les donna, en 1540, en apanage à CHARLES, duc D'ORLÉANS, son troisième fils.

Ce prince fit abattre, vers 1542, toute la haute futaie de son fief de Berneuil, et se suscita par ce fait des difficultés avec les habitants du lieu. Ils avaient droit d'usage dans les bois du fief, et se trouvaient ainsi privés de pouvoir l'exercer. Un procès était imminent, mais le duc d'Orléans mourut, le 8 septembre 1545, sans laisser de postérité. Le fief fit encore retour à la couronne. Henri II s'en défit en le vendant, vers 1570, à Jean Dauvet, seigneur de Frocourt. Nous en reparlerons plus loin.

Le fief de La Salle. — Ermengarde de Mouchy, en cédant une partie de ses terres de Berneuil à Guillaume de Mello, son beau-frère, s'était réservé la propriété du fief de La Salle et quelques autres biens, et les donna à Guillaume de Mello, son fils aîné.

GUILLAUME Ier DE MELLO, seigneur de La Salle et de Saint-Bris, fait prisonnier par les Anglais en combattant dans le Vexin, en 1190, épousa ÉLISABETH, dame D'ANCY-LE-FRANC et du Mont Saint-Jean, dont il eut :

> 1° GUILLAUME DE MELLO, seigneur de Saint-Bris.
> 2° DREUX DE MELLO, seigneur de La Salle et de Bréchart.
> 3° GUY DE MELLO, évêque de Verdun (1245-1247), puis d'Auxerre (1247-1270).
> 4° HUGUES DE MELLO.
> 5° MARGUERITE DE MELLO, qui épousa Robert de Courtenay, seigneur de Tanlay.
> 6° ISABELLE DE MELLO, femme de Hugues de Châtillon.
> 7° MARGUERITE DE MELLO, mariée à Guillaume de Villehardouin.
> 8° AGNÈS DE MELLO, qui épousa Pierre de Rochefort.

DREUX DE MELLO, chevalier, seigneur de La Salle et de Bréchart, mourut avant 1262. Il avait épousé HELVIS ou ÉLOIS, fille de Hugues, seigneur de L'Orme, Espoisses, dont il eut :

> 1° DREUX DE MELLO, seigneur de L'Orme.
> 2° GUILLAUME DE MELLO, seigneur de La Salle et d'Espoisses.
> 3° ISABEAU DE MELLO, mariée à Guy de Mauvoisin, seigneur de Rosny.

GUILLAUME II DE MELLO, seigneur de La Salle et d'Epoisses, mourut vers 1283. Il avait épousé AGNÈS DE SAINT-VERAIN (1, dont il eut :

1° GUILLAUME DE MELLO, qui suit.
2° JEANNE DE MELLO, mariée, en 1290, à Aubert de Thianville.

GUILLAUME III DE MELLO, seigneur de La Salle, Epoisses, Givry, mourut le 13 février 1395. Il avait épousé MARIE DE CHATEAUVILLAIN (2, dont vinrent :

1° GUILLAUME DE MELLO, seigneur de La Salle.
2° JEAN DE MELLO, seigneur de Givry.
3° DREUX DE MELLO, seigneur de Saint-Bris.
4° ALIPS DE MELLO, mariée à Guillaume Flotte, seigneur de Revel.

GUILLAUME IV DE MELLO, seigneur de La Salle, eut pour enfants, d'une femme dont le nom nous est resté inconnu :

1° GUILLAUME DE MELLO, seigneur d'Epoisses et de La Salle.
2° JEAN DE MELLO, seigneur de Givry.
3° GUY DE MELLO, seigneur de La Salle.

GUY DE MELLO, seigneur de La Salle, épousa AGNÈS DE CLÉRY (3, dont il eut :

1° GUILLAUME DE MELLO, seigneur de La Salle.
2° JEANNE DE MELLO, dame de La Salle.
3° MARIE DE MELLO, mariée à Guillaume de La Trémoille.

JEANNE DE MELLO, dame de La Salle et de Berneuil en partie, par héritage tant de son père que de son oncle Guillaume de Mello, mourut en 1408 et fut enterrée à l'abbaye de Ressons. Elle avait été mariée à PIERRE D'AUMONT (4), dit le Hutin, seigneur

<hr>

(1. Saint-Verain : *D'argent, au chef de gueules.*

(2. Châteauvillain : *De gueules, semé de billettes d'or, au lion de même brochant sur le tout.*

(3. Cléry : *D'hermine, au franc-canton de gueules, chargé de trois fermaux d'or en fasce, 2 et 1.*

(4. Aumont : *D'argent, au chevron de gueules accompagné de 7 merlettes de même, 4 en chef et 3 en pointe.*

d'Aumont, Cramoisy, Méru, Thars, Neaulle-le-Château, chambellan du roi Charles VI, dont elle eut :

> 1° JEAN D'AUMONT, seigneur d'Aumont.
> 2° JEANNE D'AUMONT, qui épousa Louis de Mello, seigneur de Saint-Priest.
> 3° MARIE D'AUMONT, femme d'Arnault de Gâure, seigneur d'Escoruais.
> 4° BLANCHE D'AUMONT, dame de La Salle et de Berneuil.
> 5° CATHERINE D'AUMONT, mariée, en 1405, à Jacques de Soyecourt, seigneur de Sains.
> 6° S. D'AUMONT, dame de Montreuil.

BLANCHE D'AUMONT, dame de La Salle et de Berneuil, fit ses foi et hommages à l'évêché de Beauvais pour ces dites terres. Elle épousa en premières noces JACQUES LE BRUN (1), seigneur de Palaiseau, tué à la bataille d'Azincourt (1415), sans laisser de postérité; en secondes noces GILLES DE CAMACHES (2), chevalier, chambellan du roi, fils de Guillaume de Camaches et de Marie de Fescamps, qui fut tué au combat de Verneuil, en 1424, dont elle eut :

> 1° LOUIS DE CAMACHES, qui succéda à son père et ne laissa qu'une fille.
> 2° JEAN DE CAMACHES, marié à Françoise de Lignières, dont il n'eut pas d'enfant.
> 3° GUILLAUME DE CAMACHES, qui épousa Philberte Foucault

Enfin Blanche d'Aumont épousa en troisièmes noces PIERRE DE FAY (3), seigneur de Montchevreuil.

Elle aliéna plusieurs de ses biens de Berneuil; elle vendit, entre autres, le 15 mars 1436, un fief contenant 168 arpents de bois, à Nicaise Le Coy, chanoine de Beauvais, pour la somme de 200 livres tournois.

Elle possédait néanmoins, encore à Berneuil, une seigneurie considérable. Le dénombrement de Guillaume de Hellande, évêque de Beauvais, en 1454, décrit ainsi ses propriétés :

---

(1) Le Brun : *D'or, au chevron d'azur, chargé de trois croix d'argent.*

(2) Camaches : *D'argent, au chef d'azur.*

(3) Fay : *D'argent semé de fleur de lis de sable.*

Item dame Blanche d'Aumont, dame de Mouchevrel, tient ung fief de moy, nommé le fief de La Salle, auquel appartiennent quatre cens cinquante deux arpens de bois en grant forest, où la dicte dame a haulte, moyenne et basse justice, mortel portaul sing pour marquer les denrées yssans hors de la dicte forest; et se aucun estoit trouvé portant hors de la dicte forest bois son marché, en ce cas les charriots, charettes et chevaulx et harnais seroient confisquez à la dicte dame ou soixante sols d'amende.

Item toutes bestes chevalines qui sont chargez de bois signé ou non en la dicte forest, et les fermiers à qui les dictes denrées appartiennent ne ont payez, le sergent de la dicte dame les pourra poursuivre par toute ma dicte couste et faire empescher par ma justice.

Item sept vingts dix sept arpens de bois, nommez les Coustumes de Berneu, esquelz les hostes et manans de la dicte terre de Berneu peuvent aller querir et prendre du mort bois à leur proffict, et s'ils y prennent aultre bois sans achester et sans congé ils forfont amende de soixante sols.

Item à cause dudict fief souloyt estre deu de cens chascun an soixante ung sols deux deniers poictevine, dix huict chappons, ung pain, trois muys deux mynes d'avoyne.

Item vingt cinq mynes ung quartier de terre à campart, dont est deu dix cent neuf gerbes, esquelles la dicte dame prent le quart et le tens d'une gerbe.

Item trente sept mynes ung quartier de terre à campart, où la dicte dame prent de quatre gerbes l'une.

Item vingt et ung muys de terre de campart, où elle prent seulement la douziesme gerbe.

Item du dict fief sont tenus plusieurs arrière fief pour la tierce partye à l'encontre de Monseigneur de Bourbon (1), à cause de la terre qui fut Monseigneur de Barbenson et Jehan de La Bruyère, escuyer, pour la communauté qui fut à Messire Regnault de Heilly et Hubelin de La Marre, à cause de la terre qui fut Adam de La Neufville (2), comme grans seigneurs avec la dicte dame de la dicte ville de Berneuil; ès proffictz de tous lesquelz fiefs, comme en aultres droitures feodaulx, la dicte dame prent la tierce partye.

---

(1) La seigneurie de Berneuil était alors divisée en trois grands fiefs: 1° le fief de Blanche d'Aumont; 2° le fief de Bourbon; 3° le fief de Jean de La Bruyère ou des Bruyères.

(2) Adam de Galonnel, chevalier, seigneur de La Neuville-sur-Avenil et de Grandcamp-Saint-Léger, vivait en 1407.

1° Et premièrement Adam de La Neufville tenoit ung fief nommé le fief *Des Champs*, séant en la dicte ville et terroir de Berneu, estant de présent en tout à deffaulte d'homme, auquel fief appartient ung lieu et jardin joingnant au chemin d'Asnent.

Item deux masures et demye qui furent Pierre Lesueur.

Item vingt trois mynes de terre en deux pièces.

Item la moityé d'ung arpent de pré, joingnant à l'abbesse de Sainct Pol (1).

Item onze mynes de terre tenuis à champart du dict fief avec huit deniers de frestagoge.

Item de cens, chacun an, vingt sols quatre deniers, obolle, cinq chappons et demy, six pains, six corvées et onze mynes d'avoyne.

Item la moityé des campars des seigneurs conteurs du dict Burnent, excepté le quint que Messire Gobert de Boraières prent sur la dicte motié.

Item le tiers de la moityé de toute la justice et seigneurie en tout les droicts que les dicts seigneurs ont en la dicte terre de Berneu, sur lequel tiers le dict Messire Gobert prent le quint.

Item le tiers du proffict de l'hommage du fief que reçoit le dict Messire Gobert, quant il eschiet, et en appartient l'hommage à Engran de Berneu, escuyer.

Item le tiers de la huictiesme obolle que les habitans de Berneu doibvent pour le Luris à l'escoutte du dict Engran.

Item le tiers du proffict de l'hommage du fief qui fut Taupin de La Neufville.

Item le tiers de ung gant blanc pour le relief du dict fief de Cabogues, quant il eschiet.

Item au dict fief appartiennent tonnages, roaiges et deffroisages.

Item en ce qui est leur provenant du dict fief, le dict de La Neufville avoit justice haulte, moyenne et basse, et pareille comme la dicte dame et les dicts aultres seigneurs.

2° Item devant Guillaume Hardy, dict L'Esperonnier, tenoit ung fief de mon dict seigneur le duc, de la dicte dame et du dict Jehan de La Bruyère, séant au terroir du dict *Berneu*, qui de présent appartient à la dicte dame, contenant ung muy de terre séant au Val Benard (al. Bérard), lequel muy la dicte dame a baillé de nouvel à Estienne de Montoil, parmy trois mynes de grain moitié blé de cens, sur aucune, au terme de Noël, chacun an. Auquel fief la dicte dame a haulte, moyenne et basse justice.

(1) L'abbaye de Saint-Paul possédait alors une ferme à Vaux et la moitié de la seigneurie du lieu.

3° Item Jehan de Sachy, à cause de sa femme, en tenoit pareillement ung fief séant à *La Neufville Messire Garnier*, qui s'estend en ung jardin joignant à la cour.

Item ung arpent et demy de bois.

Item seize arpens de terre en plusieurs pièces.

Item cinq arpens de bois enclavez dedans le bois de Tanpin de La Neufville, au lieu nommé Fay.

Item aultres cinq arpens au Val de La Hesme (al. l'abisme).

Item de cens, chacun an, sept sols six deniers, huict chappons, six corvées et quatorze mynes d'avoyne.

Item campart et compartages qui peuvent valoir, chacun an, six mynes de grain.

4. Item Alain de La Neufville tenoit un fief du dict fief séant à *La Neufville* (1), estant en main par deffaulte d'homme, qui contient ung lieu et jardin séant au dict lieu.

Item bergerye, coulombier et maison tenant à la rue au carpentier où est la marre de la ville, contenant ung arpent.

Item le pré de la Tressoye contenant cinq arpens.

Item treize mays unze mynes de terre labourable en plusieurs pièces au terroir du dict lieu de La Neufville.

Item quatre vingtz quatorze arpens de bois en plusieurs pièces.

Item une pièce de pré en la prairie de Barœn, contenant trois arpens.

Item au dict arrière fief appartenoit certain droict de campart qui povoit valoir, chacun an, soixante mynes de grain, mesure du lieu.

Item estoit deu de cens, chacun an, au dict lieu de La Neufville, de trente cinq masures, pour chacune masure trois mynes et demye d'avoyne, deux chappons, douze deniers et une corvée.

Item d'accroissement sur les dictes masures de cens, chacun an, six sols quatre deniers, sept chappons, neuf mynes et demye d'avoyne.

Item, de cens, chacun an, au jour Sainct Remy, dix neuf sols.

Item sur chacun feu des habitans de Barneul pour l'usage qu'ils ont au Larris de Barneu, chacun an au Noël, une obolle.

Auquel fief et arrière fief la dicte dame prent le tiers en tous prouflicts.

1° Item le dict Jehan de Sachy, à la cause dicte, en tient ung aultre fief, séant en la dicte ville de *La Neufville*, qui s'estend en ung jardin et lieu qui fut Jacques de La Neufville.

Item cinq mays unze mynes de terre en plusieurs pièces au terroir du dict lieu.

---

(1) La Neuvile-Messire-Garnier, commune du canton d'Auneuil.

Item dix huict arpens de bois en plusieurs pièces.

Item de cens, chacun an, sept sols, quatorze chappons, deux muys cinq mynes et demye d'avoyne et sept corvées.

Item certain droict de campart qui povoit valoir, chacun an, quatorze muys de grain.

Avecques ventes, saisines, roaiges, bournages, gauges, mesures, vin, espaves, forfaitures, haulte, moyenne et basse justice et tous exploits et amendes.

2° Item deffunct Engran de Barneu en tenoit ung fief qui de présent est en main, séant à Barneu, ès reliefs et proffits duquel la Cicle Jame prend le tiers. — qu'il estoit deu chacun an de cens au dict lieu de Barneu, quarante et ung sols trois deniers, quinze chappons et demy, quinze corvées et demye et trois mynes d'avoyne.

Item au domaine du dict fief trente mynes de terre au terroir de Barneu et d'Auneal.

Item deux muys de terre en plusieurs pièces, soubs les larris à campart.

Item ung pastil sur la grange duneresse, excepté le quint appartenant à Estienne Vaillant.

Item ung rotoir à rouyr chanvres et lins.

Item le moulin Billard, estangs et prez.

Item les deux pars de la justice et seigneurie ès larris de Barneu et les deux pars de la huitiesme partie des obolles des larris, avec les deux pars des proffits de la justice et seigneurie de Barneu et l'usage et l'aisement de tous les cours de l'eaue de Barneu et descendre en ses molins.

Item au dict fief sont deus de cens chacun an à Barneu, le jour Sainct Lucien en vendanges, cinq sols.

a. Item Jehanne, fille de Jehan Aubin, tient du dict fief un fief abrogié qui s'estend en ung jardin séant à Barneu et se relieve de cinq sols quant le cas se y offre.

b. Item Jehan Bruyère en tient ung autre fief contenant sept arpens de pré, nommé le Pré des Calenges, et doibt ung gan blans de relief.

c. Item messire Charles de Villers en tenoit ung fief auquel appendoit ung jardin qui souloit avoir manoir.
Item vingt deux mines de terre en plusieurs pièces.

d. Item Poissant de La Tournelle en tenoit ung fief assis à Cressy, en valeur de soixante sols.

e. Item Colinet Le Bastier en tenoit ung fief abrogé séant à Barneu, contenant quatorze mynes de terre au lieu dict Harast, à dix sols de service et dix sols de relief.

F. Item Guillaume de Thère en tenoit ung fief entre deux bos dessoubz La Folie, auquel append un peu de terre en friez, et soloit valoir vingt sols et de présent est sans possesseur.

G. Item Jehan Le Febvre, dict Petit, en tient ung fief qui contient une maison et lieu, séant en la rue de la Forge, à dix sols de service et dix sols de relief.

H. Item luy ung autre fief qui fut Pierre de Sarens (al. de Serrens), contenant six mynes de terre au Val Benard, à douze sols de relief.

I. Item Noe Ripette ung fief ... fut Jehan Lietu, auquel appendent quatorze mynes de terre et huict sols parisis en rente, cens, sur plusieurs héritages séans au dict Barneu.

J. Item le dict Enguerran tenoit de son dict fief ung fief assis à Creissy (1), contenant ung may de terre, ung manoir et jardin, ung arpent de pré et sept sols de cens sur plusieurs héritages.

K. Item Blanche de Guillbonnel et Adam de La Neufville en tiennent ung fief par deux hommages, nommé le fief du *Mont Estienne*, séant au dict Barneu, qui s'estend en la dixiesme des prés de Vaulx, et se doibvent faner à corvée.

Item la dixiesme partie des ventes et saisines.

Item trente quatre mynes de terre labourable.

Item la moitye au campart de treize mynes de terre.

Item sur plusieurs terres a campart possessées par plusieurs personnes douze mynes de grain.

Item la moityé de trois arpens quarante six verges de pré, nommé le Pré Meronelle.

Item la dixiesme partye de arpent et demy de pré, nommé le Pré Blondel, et au résidu le dixiesme.

Item la moityé d'ung arpent et quarante verges de pré, nommé le Pré de la Tuillerie.

Item trois pars de trois arpens et demy de pré, nommé le Pré des Noes Tassart.

Item dix arpens et soixante six verges de bois au Val de la Cayenne.

Item de cens, chacun an, cinquante sept sols, noeuf chappons, cinq pains et douze mynes d'avoyne.

Item deffunct Drieu Aubin tenoit ung fief de la dicte dame, estant en sa main par deffaulte d'homme, séant à Barneu, auquel appendent trente huict mynes de terre en plusieurs pièces.

---

1 Hameau commune de Saint-Sulpice.

Item vingt et ung sols six deniers de cens chacun an.

Auquel fief à pareille justice que la dicte dame de Gaillonnel a en son dict fief.

4. Item la dicte dame de Gaillonnel soloyt tenir du dict Engran à cause du dict fief de Mont Est et ne ung fief séant à Auteul, auquel appent le lieu du Marpres, contenant myne et demye de terre et quarante six deniers au my mars.

Item à aultres termes en l'an, huict livres quatre sols neuf deniers, dix huict chappons et ung quart, douze oeufs, une corvée, vingt et une mynes et demye et ung boitel de blé et trois muys une myne d'avoyne.

6° Item Charles de Villers tenoit ung fief du dict Jehan de La Bruyère, de Adam de La Neufville et de la dicte dame Blanche d'Ouvrot, és proffictz duquel la dicte dame prenoit le tiers qui s'estend en ung manoir et jardin joingnant à la rue de de Bailigny (al. Balaigny), au dict *Berneu*.

Item le molin de Billard séant és prez, deux viviers place et lieu tenans ensemble.

Item la place du molin du Bois.

Item deux arpens de pré séans en la prairie du dict Berneu.

Item la moityé des prez de Voyeulx, contenant trois arpens et demy.

À haulte, moyenne et basse justice

7° Item ung fief nom né *La Prévosté*, qui fut Regnault Le Prévost, et qui de présent appartient aux quatre seigneurs dessus dictz, c'est assavoir à la dicte dame le tiers et aux aultres le résidu, lequel fief s'estend en ung manoir et jardin contenant six mynes de terre joingnant à la forest de Berneu.

Item dix huict mynes de terre en trois pièces

Item deux arpens d'aunoy.

Item deux arpens de pré en une pièce joingnant aux Coustures et à la forest.

Item quatre mynes et demye de terre en deux pièces.

Item sur les prez et aulnois que tient Guillot Le Conte, chacun an, à la Toussains, cinq sols.

Item sur un arpent d'aulnoy que tient Guillaume Forge, deux sols.

Item les dons des terres tenues à champart, moyennant que le détenteur du dict fief est tenu les aller camparter et de faire tous les adjournemens et exploictz de justice, en prenant salaire raisonnable.

Item du bois sec és dictz bois de Berneu pour ardoir, et aussy tout son bestial y poeult pasturer, pourveu que les dictz bois y soyent en aage.

Item une foys l'an, de chascune charette qui vient charger bois és dictz bois deux deniers, de chascun chariot quatre deniers, et de ung cheval ung denier.

Item, chacun an, ung paast sur la grange dixmeresse.

Item chacun mesnage du dict Berneu luy doibt, chacun an, ung pain en priste de quatre deniers, s'ils veulent avoir les constumes du dict fieu de Berneu.

Item salaire de gauger toutes les mesures de la ville, et n'y poeult aulcun vendre denrées jusques à ce qu'il les aye gaugées, en peine de soixante sols d'amende.

Item il y a en son dict fief telle justice que ung des aultres vassaulx de la dite dame.

Et moyennant ces choses, il est tenu trouver prison à ses despens pour emprisonner tous delinquans prins en la dicte terre.

8° Item Hue Riquette, comme héritier de Jehanne d'Auwyens, tient des dessus dicts ung fief séant au dict Berneu, où la dicte dame prent le tiers, à l'encontre des dicts aultres seigneurs, qui contient vingt mynes de terre, et huict sols de cens, au jour Sainct Remy, chacun an, avec justice telle que ung des aultres vassaulx tenans du dict fief.

Auquel la dicte dame a haulte, moyenne et basse justice.

Toutes les propriétés que possédait à Berneuil Blanche d'Aumont avaient changé de main en 1500.

En 1513, elles appartenaient à CLAUDE DE PONTALLIER (1), femme de N. LE FRANC, seigneur de Pouilly.

HECTOR LE FRANC (2), seigneur de Pouilly et de Berneuil, son fils, vendit, en 1518, ses biens de Berneuil à Pierre Le Maire, seigneur de Parisifontaine.

PIERRE LE MAIRE (3), seigneur de Parisifontaine, Longueil, Verderel, fit les foi et hommage à l'évêque de Beauvais pour son fief de Berneuil, le 30 juin 1518 (4), et mourut en 1515. Il avait épousé (1525), ANNE D'AULNOY (5), fille de Philippe, seigneur

---

(1) Pontallier : *De gueules, au lion d'or, couronné de même, armé et lampassé d'azur.*

(2) Le Franc : *D'azur au chevron d'or accompagné en pointe d'un cœur du même, au chef d'or chargé de 3 étoiles d'azur.*

(3) Le Maire : *D'argent, à 3 losanges de gueules, 2 en chef et 1 en pointe.*

(4) De Beauvillé : Documents inédits concernant la Picardie, t. 1, p. 181.

(5) Aulnoy : *D'or, au chef de gueules.*

de Chivré, et de Catherine de Montmorency, dame de Goussain-
ville, dont il eut :

> 1° Antoine Le Maire.
> 2° Louise Le Maire.
> 3° Anne Le Maire, mariée 1515 à Philippe de Gouy, seigneur
> de Béry-au-Bac.

ANTOINE LE MAIRE fut seigneur de Parisifontaine, Longueil,
Quièvremont, Berneuil et Verderel, épousa, en 1515, BLANCHE
DE RICHARD, fille de Charles, seigneur de Troussures, et d'A-
drienne Binet, dite Des Prés, de Savignies, et mourut, en 1517,
sans laisser d'enfant.

LOUIS LE MAIRE, son frère, recueillit sa succession et vendit,
le 10 mars 1517, ses biens de Berneuil à Mathieu de Longuejoue,
évêque de Soissons. Cette vente comprenait :

1° Le lieu seigneurial appelé le châtel de Berneuil, avec ses
bâtiments de décharge enclos de doubles fossés, la basse-cour
et les herbages y attenant, le tout assis sur neuf arpents de terre.

2° Le fief de La Salle, circonstances et dépendances, avec les
droits de justice haute, moyenne et basse.

3° Des cens consistant en 75 livres tournois d'argent, une pinte
de vin, une paire de gants, une paire d'esteufs, deux voitures
de pierre, une tarte au jour de Saint-Germain, un pâté d'œufs
de poulle, 7 livres tournois de cens sur le moulin à eau des
Vivrots, somme pour laquelle il était donné à cens à Nicolas du
Metz, écuyer, deux muids d'avoine, le champart sur diverses
terres, deux viviers près du moulin des Vivrots, 24 arpents et
demi de bois, le tiers des petites Coutumes de Berneuil.

4° Le relief du fief de La Neuville-Garnier, du fief d'Enguerrand de Berneuil, alors possédé par le seigneur de Vaux, le fief
de Malassise, le fief de Montchevrel, le fief de la Prévôté, le fief
du Mont, sis à Vaux, tous relevant de la seigneurie (1).

MATHIEU DE LONGUEJOUE (2), le nouveau propriétaire du fief
de La Salle, chevalier, seigneur d'Iverny, était l'aîné des six en-

---

1. Documents du cabinet de M. Barré, de Beauvais.

2. Longuejoue : *De gueules, à trois grappes de raisin d'or.*

fants de Jean de Longuejoue, seigneur d'Iverny, et de Geneviève
Baillet. Il entra dans la magistrature, et il était maître des requêtes quand il perdit MADELEINE CHAMBELLAN, sa femme,
morte le 10 octobre 1546. Elle lui laissa pour enfants :

> 1° THIBAULT DE LONGUEJOUE.
> 2° JEANNE DE LONGUEJOUE, qui épousa, le 13 juin 1549, Jean
> Dauvet, seigneur de Froieuil.

Le chagrin de la mort de sa femme dégoûta Mathieu des joies
et des plaisirs du monde; il s'en retira brusquement et demanda
à entrer dans l'état ecclésiastique. Il y fut reçu et devint successivement prieur d'Elincourt, de Néronville, de Saint-Paul-aux-
Bois, abbé de la Grande-Sauve, au diocèse de Bordeaux, et de
Royaumont, évêque de Soissons (1531-1557), et garde des sceaux
en 1538 et de 1541-1543. Il mourut le 6 septembre 1558 et fut en-
terré dans l'église de Saint-Gervais de Paris (1).

JEANNE DE LONGUEJOUE, sa fille et son héritière, apporta
alors sa terre de Berneuil dans la maison des Dauvet, dont elle
avait épousé un fils en 1549, et qui déjà possédait le fief de
Bourbou par l'acquisition, qu'il en avait faite du roi après la
mort du duc d'Orléans. Nous y reviendrons plus loin.

Le fief des Bruyères. — Ce fief était tenu, au XV° siècle, en
communauté par RENAUD DE REILLY et ADAM DE LA NEUVILLE.
Renaud de Reilly céda sa part à JEAN DE LA BRUYÈRE, qui la
vendit à Blanche d'Aumont. Celle-ci l'aliéna à son tour, le 19
mars 1435, en faveur de NICAISE LEROIX, chanoine de Beauvais.
Ce chanoine, étant mort vers 1443, légua son fief de Berneuil à
JACQUES DAVESNES (2) et MATHURIN DE LA MARRE, ses deux
neveux. Le dénombrement de Guillaume de Hellande, en 1451,
le décrit ainsi :

> Item Jacques Davesnes et Mathurin De la Marre tiennent par indivis
> ung fief de moy, qui s'estend en huict vingtz huict arpens de bois, prins

<hr>

(1) *Gallia Christiana*, t. IX, p. 377 et 9 de 1551.

(2) Jacques Davesnes, chanoine de Beauvais, était fils de Jean Davesnes, écuyer, seigneur de Rotangy, et de Jeanne Legoix, et fut seigneur de Rotangy, de L'Épine et de Parisifontaine.

en une pièce de bois en la forest de *Barneu*, appartenant à dame Blanche
d'Omont, vefve de feu messire Gilles de Gamaches, joingnant d'une part
au bois qui fut Nicole Mauregnault, d'aultre au chemin qui mayne du
dict Barneu à Beauvais, d'ung bout aux hoirs Jehan de Bretheuil et
d'aultre aux campars de Vaulx et Barneu, contenant chacun arpent cent
verges. Iceulx huict vingtz huict arpens de bois vendus en l'an mil
quatre cens trente six par la dicte dame et eschus al. escaché et mis
hors du fief cy devant déclaré, qu'elle tient de moy, a deffunct maistre
Nicaise Le Goix, oncle des dicts Jacques et Mathurin.

Adam de La Neuville laissa sa part à ses héritiers, et en 1439
NICOLE MAUREVAULT, bourgeois de Beauvais, le détenait du
chef de CATHERINE, sa femme. Il le vendit, vers 1447, à NICAISE
LEGOIX, chanoine de Beauvais, pour demeurer quitte d'une
rente qu'il lui devait (1). Le dénombrement de Guillaume de
Hellande en parle ainsi :

Item les dicts Jacques et Mathurin tiennent de moy par indivis ung
aultre fief scitué au dict *Barneu* qui jadis appartint à deffunct Adam de
La Neufville, depuis à Nicole Mauregnault, et doresnavant à Maistre
Nicaise Le Goix, qui s'estend en deux cens trente deux arpens de bois
et les deux pars d'ung arpent tenant aux hoirs Messire Regnault de Heilly.

Item cinq muys et demy de terre labourable en plusieurs pièces.

Item unze arpens et demy et demy mulle de pré, dont les sept arpens
se fenent à corvée.

Item, un pré au Mont, partissant à l'encontre des aultres seigneurs
de Barneu, et poeult valoir leur part huict sols.

Item les deux pars du pré de la Tuillerie à l'encontre des seigneurs.

Item de cens, chacun an, quatre livres trois sols six deniers, treize
chappons, trois muys trois mynes d'avoyne, quatre mynes de blé et
trois pains.

Jacques Davesne et Mathurin De la Marre jouirent de ces biens
par indivis jusqu'en 1470. A cette époque ils se partagèrent :
Jacques Davesne eut le fief provenant de Blanche d'Aumont, et
Mathurin De la Marre les autres biens et le fief des Bruyères.
Jacques Davesne céda son fief, vers 1498, au Chapitre de Beauvais, qui le vendit, vers 1555, à Jean Dauvet, seigneur de Frocourt.

Le fief de Mathurin De la Marre vint à Nicolas De la Marre,

____

1. Cabinet de M. de Troussures : Mélanges, t. II. p. 170, 171.

qui en céda une partie au Chapitre de Beauvais et l'autre partie à ses héritiers directs. Le Chapitre fit les foi et hommage à l'évêque de Beauvais, le 2 juillet 1516, par Quentin Chevalier, l'un de ses chanoines, pour ce fief de Nicolas De la Marre, jusqu'à concurrence de 100 sols parisis de rente. Il vendit plus tard ce fief, vers 1555, à Jean Dauvet.

Le 10 mai 1519, l'évêque de Beauvais donnait souffrance de l'un des fiefs de Berneuil, qui fut à Nicolas De la Marre, à Me Nicole Le Voymer, comme curateur d'Adam Le Scellier, héritier sous bénéfice d'inventaire de Nicolas De la Marre, son grand-père maternel (1).

Par suite de toutes ces acquisitions, Jean Dauvet se trouvait avoir en sa possession la plus grande partie de la seigneurie de Berneuil, le fief de Bourbon, le fief de Blanche d'Aumont et de La Salle, le fief de Jacques Davesne et une partie de celui de Mathurin De la Marre.

Ce JEAN DAUVET 2, acquéreur de Berneuil, était aussi seigneur des Marets en Brie et de Frocourt en Beauvaisis; c'était le troisième fils de Guillaume Dauvet, maître des requêtes de l'hôtel du roi, et de Jeanne Luillier, dame de Rieux et de Frocourt. Il fut grand bailli et capitaine de Meaux et mourut le 7 septembre 1590. Il avait épousé JEANNE DE LONGUEJOUE, fille de Mathieu de Longuejoue, seigneur d'Iverny, et de Madeleine Chambellan, dont il eut :

> 1° PIERRE DAUVET, qui suit.
> 2° LOUISE DAUVET, mariée à Gaspard Canjon, seigneur d'Orgereux.
> 3° JACQUELINE DAUVET, qui épousa Gabriel de La Vallée, seigneur d'Escobille.
> 4° JEANNE DAUVET, femme de Charles Ragnier, baron de Pousse.

PIERRE DAUVET, chevalier, seigneur des Marets, Frocourt, Berneuil, etc., gentilhomme ordinaire de la chambre du roi, mourut en 1596. Il avait épousé, le 5 juillet 1577, MARTHE DE

---

(1) De Beauvillé : Documents inédits concernant la Picardie, t. I, p. 189.

2. Dauvet : *Bandé de gueules et d'argent, la seconde bande d'argent chargée d'un lion de sable.*

ROUVROY SAINT-SIMON (1), fille de Jean de Rouvroy Saint-Simon et de Louise de Montmorency, dont il eut :

1° GASPARD DAUVET, qui suit.

2° CLAUDE DAUVET, chevalier de Malte, commandeur d'Ivry-le-Temple, capitaine des galères du roi.

3° GABRIEL DAUVET, seigneur de Frocourt, mort sans alliance.

4° LOUIS DAUVET, seigneur de Berneuil, mort sans alliance.

5° JEANNE DAUVET, seconde femme de Charles Le Bouteillier, de Senlis, chevalier, seigneur de Vineuil et de Moussy.

6° ANNE DAUVET, religieuse à Corentin.

7° MARGUERITE DAUVET, morte sans alliance.

8° LOUISE DAUVET, morte sans alliance.

GASPARD DAUVET fut seigneur des Marets, de Frocourt, d'Ivry, Treigny, Berneuil, baron de Rupereux, gouverneur du Beauvaisis, conseiller d'État, maître d'hôtel du roi, son ambassadeur en Angleterre en 1611, capitaine de cinquante hommes d'armes, et mourut le 23 octobre 1632. Il avait épousé, par contrat du 30 juillet 1601, ISABELLE BRULART (2), fille de Nicolas Brulart, seigneur de Sillery, et de Claude Prudhomme, et en eut :

1° NICOLAS DAUVET, qui suit.

2° FRANÇOIS DAUVET, abbé de Lorguay, au diocèse de Langres, prieur du Pont-Saint-Esprit, de Pinzé et de Tolette.

3° GABRIEL DAUVET, chevalier de Malte, grand prieur d'Aquitaine, commandeur de Saint-Étienne de Renneville.

4° LOUIS DAUVET, chevalier de Malte.

5° PIERRE DAUVET, marquis d'Anvillars, seigneur de Treigny.

6° MARIE DAUVET, mariée 1623, à Jacques Le Conte, seigneur de Nonant.

7° MARTHE DAUVET, abbesse des Urbanistes du Mont-Sainte-Catherine.

8° CHARLOTTE DAUVET, morte jeune.

9° VICTOIRE-CHRISTINE DAUVET, abbesse du Mont-Sainte-Catherine après sa sœur Marthe.

1. Rouvroy Saint-Simon : *De sable à la croix d'argent, chargée de cinq coquilles de gueules.*

2. Brulart : *De gueules, à la bande d'or, chargée d'une trainée tortillée de sable, et de cinq barils du même, trois d'un côté et deux de l'autre alternés.*

NICOLAS DAUVET, chevalier, comte des Marets, baron de Boursault, après la mort de son père, fut seigneur de Berneuil et de Frocourt, et après avoir été gouverneur de Beauvais et du Beauvaisis, grand fauconnier de France, mourut en octobre 1668. Il avait épousé, en 1635, CHRISTINE DE LANTAGE (1), dame de Vitry-le-Croisé, fille de Jacques de Lantage et d'Anne de Foissy ; il en eut :

>   1° HENRI-FRANÇOIS DAUVET, qui suit.
>   2° LOUIS-ANNE DAUVET, comte d'Eguilly, capitaine de cavalerie, marié à Marie-Madeleine de Chambes-Montsoreau.
>   3° MARIE-ANNE DAUVET, femme d'Henri de Béthune, comte de Selles.
>   4° JEANNE DAUVET, religieuse au Mont-Notre-Dame.
>   5° GABRIELLE DAUVET, religieuse au Mont-Notre-Dame.
>   6° LOUISE-DIANE DAUVET, mariée, le 18 juillet 1679, à Gaspard Castille-Jannin, marquis de Montjeu.
>   7° FRANÇOISE-CHRÉTIENNE DAUVET.
>   8° SCHOLASTIQUE DAUVET.
>   9° MARIE DAUVET.

HENRI-FRANÇOIS dit ALEXIS DAUVET, chevalier, comte des Marets, marquis de Saint-Phale, baron de Boursault, fut seigneur de Berneuil, Frocourt, Eguilly, gouverneur de Beauvais, lieutenant-général du Beauvaisis, grand fauconnier de France après son père, et mourut le 25 avril 1688. Il avait épousé, le 19 décembre 1676, JEANNE DE BOUEX DE VILLEMORT (2), demoiselle d'honneur de la duchesse d'Orléans, fille de Robert de Bouex, seigneur de Villemort, et de Marie d'Escoubleau de Sourdis, et en eut :

>   1° FRANÇOIS DAUVET, qui suit.
>   2° FRANÇOISE-CHRÉTIENNE DAUVET, mariée 1701 à Guillaume Alexandre, marquis de Vieux-Pont.

FRANÇOIS DAUVET, chevalier, comte des Marets, marquis de Saint-Phale, baron de Boursault, fut seigneur de Berneuil et de

---

(1) Lantage : De gueules, à la croix d'or, écartelé d'azur, au fer de moulin d'argent.

(2) Bouex de Villemort : D'argent, à deux fasces de gueules.

Frocourt, gouverneur de Beauvais, lieutenant-général du Beauvaisis, grand fauconnier de France après son père, et mourut
à trente-sept ans, le 21 février 1718. Il avait épousé, le 22 juin
1701, MARIE ROBERT (1), fille de Louis Robert, seigneur de la
Fortelle, et d'Anne Maudet, dont il eut :

> 1° LOUIS-FRANÇOIS DAUVET, qui suit ;
> 2° JEANNE-FRANÇOISE DAUVET, mariée, le 7 février 1725, à Fran-
> çois-Louis Le Tellier de Rébenac, marquis de Louvois.
> 3° ANNE-DIANE DAUVET, dame de Berneuil, qui épousa, en
> juillet 1728, Alphonse de Remilly, marquis de la Chesnelaye,
> et mourut sans enfant le 31 août 1731.

LOUIS-FRANÇOIS DAUVET, chevalier, marquis des Marets,
baron de Boursault, fut seigneur de Berneuil après la mort (1731)
de la marquise de la Chesnelaye, sa sœur, seigneur de Frocourt,
grand fauconnier de France, et mourut à Paris, le 20 avril 1748,
sans laisser d'enfant de CATHERINE-LOUISE DE LAMOIGNON (2),
fille de Chrétien de Lamoignon, président du Parlement de
Paris, et de Marie-Louise Gon de Bourgogne, qu'il avait épousée
le 23 février 1734. Il donna ses biens aux filles de la marquise
de Louvois, sa sœur (3).

Ces filles étaient :

> 1° FRANÇOISE-SOPHIE LE TELLIER, religieuse à Notre-Dame de
> Soissons.
> 2° FRANÇOISE-AGLAÉ-SYLVIE LE TELLIER, mariée, le 10 mars
> 1747, à Alexandre-Louis, marquis de Saint-Chamans, dont :
>> 1° Amand de Saint-Chamans, vicomte de Rébenac.
>> 2° Amable-Félicité-Gabrielle, née le 21 août 1749.
> 3° GABRIELLE-FLORE LE TELLIER, mariée, en 1751, à Louis-
> Hector, marquis de Sailly.
> 4° AMABLE-ÉMILIE-GABRIELLE LE TELLIER, mariée, le 8 avril
> 1755, à Jean-Baptiste-Caliste, comte de Montmorin-Saint-
> Hérem.

---

(1) Robert : *D'azur, à trois pattes de griffon d'or.*

(2) Lamoignon : *Losangé d'argent et de sable, au franc quartier d'hermine.*

(3) P. Anselme : *Histoire des grands officiers de la couronne.* — La
Chesnaie-Desbois : *Dictionnaire de la noblesse.*

Les biens du comte Dauvet consistaient, lors de sa mort (1718), en un lieu seigneurial et bâtiments en dépendant, sis à Berneuil, 120 arpents de terre labourable, 30 arpents de pré, droits de justice, haute, moyenne et basse, dans toute l'étendue de la seigneurie, des censives en argent, grains et volailles, champart sur diverses terres, les droits de mouvance en plein fief, foi et hommage de la terre et seigneurie de La Neuville-Garnier, le bois de la Quénolée contenant 20 arpents, le bois de la Queue-Brière de 6 arpents, le fief de Malassise, au terroir de Berneuil, le bois Nivert contenant 31 arpents, le fief de Gaudechart, au territoire d'Auneuil, le fief d'Enguerrand de Berneuil, le sixième de ce qui est en fief et le tiers de ce qui est en roture dans le fief de Bizancourt; ce sixième et ce tiers par indivis avec les propriétaires du fief.

Les demoiselles Le Tellier de Louvois n'acceptèrent cette succession du comte Dauvet que sous bénéfice d'inventaire, et bientôt y renoncèrent complètement, parce que les dettes surpassaient l'actif. La seigneurie de Berneuil avec ses dépendances fut alors saisie à la requête des créanciers et vendue en justice. Le 6 mai 1751, elle fut adjugée à MM. Augustin-Claude de La Vacquerie (1), écuyer, seigneur de Sénefontaine et de Flambermont, ancien commissaire des guerres, demeurant à Flambermont; Jean-François-Lucien Motte (2), seigneur de Bizancourt, demeurant à Paris, et Eustache-Louis Borel (3), conseiller du roi, premier président et lieutenant-général civil et criminel au bailliage et siège présidial de Beauvais.

Ces trois acquéreurs se partagèrent leur acquisition.

Le sieur de La Vacquerie, de Sénefontaine, eut une partie du fief de Bourbon, c'est-à-dire tous les droits féodaux, de justice et de censives, sur 118 mines et demie de terre, prés et bois, possédés par divers particuliers, et le tout borné à l'orient par le fief des Regnardières appartenant à l'abbaye de Saint-Symphorien de Beauvais, et par la seigneurie de Vaux, à l'occident

---

(1) La Vacquerie : *D'argent, à la vache de sable clarinée d'or.*

(2) Motte : *D'azur, à l'agneau pascal d'argent sur une terrasse de sinople.*

(3) Borel : *D'or, à trois burelles d'azur.*

par les fiefs d'Arquinvilliers et de Beaupré, d'un bout, au nord, par la seigneurie et les Coutumes de Sénefontaine, et d'autre bout, au midi, par la seigneurie de Vaux; — le fief de Gaudechart; — le fief, terre et seigneurie de Malassise, comprenant les 51 arpents du bois Nivert, les friches en dépendant, et tous les droits seigneuriaux et de justice leur appartenant.

Les sieurs Motte de Bizancourt et Borel eurent conjointement et indivisément tout le reste de la seigneurie de Berneuil, c'est-à-dire le lieu seigneurial de Berneuil et ses dépendances, les 120 arpents de terre labourable, les 30 arpents de pré, les bois de la Quénotée et de la Queue-Bruyère, le reste du fief de Bourbon, les fiefs des Bruyères, de Saint-Pierre, de La Salle, d'Enguerrand de Berneuil, de Montchevrel, de la Prévosté d'Aumont, sis à Vaux, et les autres fiefs réunis au domaine de la seigneurie.

Cette vente avait été faite moyennant 69,650 livres (1).

MM. Motte et Borel jouirent indivisément de leur part; mais M. Motte étant mort sans enfant, comme nous le dirons à l'article *Bizancourt*, Mme Louise-Julie Le Scellier (2), veuve de François de L'Espinay, seigneur de Nivillers, devint, conjointement avec M. Borel, dame de Berneuil, parce qu'elle était seule et unique héritière de défunt François Le Scellier (3), son oncle, lui aussi seul et unique héritier, quant aux acquets, de Jean-

(1) Cabinet de M. Barré, de Beauvais. — Titres de la seigneurie de Berneuil.

(2) Louise-Julie Le Scellier, née en octobre 1707, était la fille aînée de Jean Le Scellier et de Marie-Thérèse de Ligières, et la nièce de François Le Scellier et de Marie Le Scellier, femme de François Motte, seigneur de Bizancourt. Elle n'eut pas d'enfant de son mariage avec François de L'Espinay, seigneur de Nivillers.

Elle avait pour sœur unique Marie-Madeleine Le Scellier, qui épousa, en août 1725, Pierre-Antoine des Palingues, chevalier, seigneur de La Balie, dont elle eut Albertine-Julie de Palingues, mariée, en octobre 1749, à Louis-Joseph de Marolles, capitaine de cavalerie au régiment de la Reine, dont vint Louis-Marie de Marolles, écuyer, né en 1751. Ce Louis-Marie de Marolles était donc le petit neveu de Louise-Julie Le Scellier, et devint son héritier, quand elle fut morte, en 1792.

(3) Le Scellier : De gueules, à la gerbe d'or, accompagnée de deux épis de blé du même, au chef cousu d'azur, chargé de trois étoiles d'argent.

François-Lucien Motte. Le 10 avril 1756, ces deux co-seigneurs de Berneuil voulurent faire cesser leur indivis et licitèrent par devant justice à cet effet. La terre et seigneurie de Berneuil fut adjugée à Mme de L'Espinay, et M. Borel eut le sixième de la terre et seigneurie de Bizancourt, avec 30,000 livres de soulte que lui paya ladite dame.

Madame de L'Espinay, Louise-Julie Le Scellier, mourut en 1792 et laissa tous ses biens à Louis-Marie de Marolles, son petit neveu. Le 30 janvier 1795, M. de Marolles vendit la ferme de Berneuil avec les terres, prés et bois en dépendant et le moulin des Vitrois, à Joseph Pain, de Beauvais. Celui-ci renonça, trois mois après, à cette acquisition en faveur de Marie-Denise de Beaumont. Mademoiselle de Beaumont jouit de cette terre jusqu'en 1823. Le 21 octobre 1823 elle la vendit à Madame de Clermont-Tonnerre (1), comtesse douairière de Wazières. Celle-ci la laissa à sa nièce, Charlotte de Clermont-Tonnerre, fille d'Amédée-Marie de Clermont-Tonnerre, marquis de Thoury, et de Françoise-Henriette-Marie-Louise de Vassinhac d'Imécourt, alors mariée à M. le comte Gaston de Gestas (2), et par elle à Madame Thérèse de Gestas, épouse de M. Arthur de Pradier, marquis d'Agrain (3), propriétaire actuelle.

Nous parlerons plus loin des fiefs de *Bizancourt*, du *Bois d'Argle*, de *la Folie* et de *Vaux*.

3° *la cure.* — La cure de Berneuil, *Ecclesia Sancti Germani de Burnolo*, était, avant 1790, un bénéfice de l'ancien doyenné de Monchy (Mouchy), archidiaconé de Clermont. Elle était sous le patronage de saint Germain, évêque de Paris. Le curé était à la présentation d'abord du seigneur du lieu et, depuis le XIIe siècle, à celle de l'abbesse du monastère de Saint-Paul. Depuis 1803, Berneuil est une succursale du doyenné d'Auneuil.

---

(1) Clermont-Tonnerre : *D'azur, à deux clefs adossées et passées en sautoir d'argent.*

(2) Gestas : *D'azur, à la tour ouverte ajourée et crénelée d'argent, maçonnée de sable.*

(3) Agrain : *D'azur, au chef d'or.*

D'après la charte de confirmation des biens de l'abbaye de Saint-Paul, donnée, vers 1147, par Odon, évêque de Beauvais, Ermentrude, femme de Godefroy de Mauquenchy, seigneur de Vaux et de Berneuil en partie, céda, à titre gratuit, à cette abbaye, l'église de Berneuil, le droit de présentation à la cure, avec tous les autres droits et privilèges en dépendant, ainsi que toutes les grosses dimes du lieu (1). Elle faisait cette gratification lors de son entrée en religion dans ce monastère.

Ermentrude faisait cette donation comme disposant d'une chose à elle propre, et on est à se demander pourquoi ces droits sur un bénéfice ecclésiastique étaient en mains laïques et comment ils y étaient venus. Les documents positifs et certains font défaut pour trancher la question; seulement on peut présumer que ces droits ont été laissés aux seigneurs fondateurs de cette église par l'autorité ecclésiastique compétente, comme c'était l'usage, et que ces fondateurs sont parmi les ancêtres d'Ermentrude ou parmi ceux de son mari. A moins que ces droits n'aient été précédemment usurpés par leurs belliqueux ancêtres, lors des troubles occasionnés par les invasions normandes ou par les luttes armées dont le pays avait été le théâtre, comme cela s'est vu bien des fois alors. Mais nous inclinerions plutôt pour la première hypothèse. La construction de l'église par les seigneurs du lieu nous paraît incontestable. Son voisinage de l'ancien hôtel seigneurial, voisinage tellement proche que l'église semblait être une dépendance du château nous en fournirait presque la preuve.

A quelle époque cette paroisse a-t-elle été constituée et à quelle date l'église primitive a-t-elle été bâtie? Nous ne saurions le dire non plus avec certitude. Elles existaient certainement avant 1147, puisqu'Ermentrude les a données l'une et l'autre à l'abbaye de Saint-Paul avant cette époque. Datent-elles du grand mouvement religieux qui a marqué le commencement et tout le cours du xie siècle? C'est possible. Ne remonteraient-elles pas à cet autre mouvement religieux, contemporain des conciles de Verberie (752, et de Verneuil (755)? Le choix de saint Germain, évêque de Paris, pour patron, le ferait croire. En 751, une solennelle

---

1. *Ex dono Ermintrudis uxoris Gaufridi de Malchensi ecclesiam de Barnoto et totam decimam.* (Cartul. de l'abbaye de Saint-Paul.)

translation des reliques de ce saint évêque eut lieu en présence de Pépin-le-Bref. Les miracles opérés en cette circonstance furent si éclatants et si multipliés, disent les historiens, que le culte de saint Germain se répandit dans toute la France et que de nombreuses églises le prirent alors pour patron. L'église de Berneuil ne serait-elle pas du nombre?

Qu'est-il advenu de cette église primitive? Elle a disparu comme toutes les autres de notre contrée. Le peu de solidité des matériaux alors employés, ces édifices étaient généralement construits en bois, les incendies allumés par les guerres, la vétusté, contribuèrent à les faire disparaître. L'église de Berneuil fut reconstruite au XIIIe siècle. L'abbaye de Saint-Paul, comme grosse décimatrice de la paroisse et seigneur de Vaux en partie, y contribua avec les autres seigneurs de la localité. Elle prit le chœur à sa charge, et les autres la nef et le clocher. Le chœur, moins le sanctuaire, le clocher et une partie de la nef de cette époque subsistent encore aujourd'hui. Au commencement du XVIe siècle, l'église menaçant ruine et se trouvant trop étroite pour la population, on construisit un bas-côté au midi, on restaura le reste et l'on refit le portail avec le porche qui le précède. Sur la fin du XVIIIe siècle on reconstruisit le sanctuaire. Depuis lors, on n'a fait que des restaurations partielles.

Nous décrivons l'édifice tel qu'il est aujourd'hui.

L'église s'élève sur la plate-forme d'un monticule très escarpé. On y accède par un chemin d'une pente très rapide. Arrivé sous un vaste porche à jour, du XVIe siècle, s'étendant sur toute la façade de l'église, on se trouve devant un haut perron de huit marches, dominé par un portail en arcade surbaissée, aussi du XVIe siècle. L'église se compose d'une nef de 14m 50 de longueur sur 7m 50 de largeur; d'un chœur de 9m de long sur 4m 20 de large; d'un sanctuaire de 4m 40 de long sur 4m 20 de large; d'un bas-côté, à droite, de 21m de long sur 3m de large; d'une chapelle, à gauche ou au nord, sous le clocher, ayant 6m de long sur autant de large.

La nef est éclairée, au nord, par deux fenêtres, et au sud par les arcades des travées ouvrant sur le bas-côté. Elle est voûtée en bois, mais va l'être en briques creuses et plâtre, en 1885. Au-dessus du portail est une tribune en bois exécutée en 1861. Dans la nef est une belle chaire du XVIIIe siècle.

Dans la nef encore, contre les piliers soutenant l'arcade de l'entrée du chœur, de chaque côté un petit autel. A gauche, l'autel en bois est surmonté d'un rétable encadrant un tableau représentant *sainte Catherine* et *sainte Barbe*, peinture du xviiiᵉ siècle, et en avant, au-dessus du tabernacle, une statue de *sainte Catherine*, plâtre de 1ᵐ 20 de haut, 1851. A droite, l'autel, aussi en bois, est surmonté d'un rétable encadrant un tableau représentant *saint Sébastien* et *saint Roch*, œuvre du xviiiᵉ siècle, et en avant est une statue de *sainte Barbe*, plâtre moderne ; hauteur, 1ᵐ 20.

La voûte du chœur est en pierre, se composant de deux travées à nervures ogivales du xiiiᵉ siècle.

Le sanctuaire, de la fin du xviiᵉ siècle, est éclairé par deux fenêtres latérales. L'autel en bois, forme tombeau, est une bonne œuvre du xviiiᵉ siècle. Les murs sont garnis de fort beaux lambris sculptés, exécutés au commencement de ce siècle par Noël, maître menuisier-sculpteur à Beauvais. Sur chaque panneau sont représentés, en ronde-bosse en plein bois, différents sujets ou emblèmes religieux groupés en panoplie, liés et suspendus par un lien en forme de cravate. Les dix groupes sont ainsi ordonnés : premier panneau de gauche, à l'entrée du sanctuaire : les deux tables de la loi de Moïse, l'Évangile, une croix, sur pampres de vigne avec grappes de raisin ; — deuxième panneau : une tiare, une croix à double croisillon, deux flambeaux sur branches de laurier ; — troisième panneau : un plateau, deux burettes, deux flambeaux sur pampres de vigne ; — quatrième panneau : un ciboire, un ostensoir, un manipule, un corporal, sur branches de laurier. Derrière l'autel, attributs de la Passion : premier panneau : un panier avec trois clous, une lance, une échelle, un linceul sur tige et feuilles de roseau ; — deuxième panneau : couronne d'épines, lanterne, marteau, éponge, suspendus par une corde, sur tiges et feuilles de roseau. A droite, en partant du coin de l'autel : premier panneau : aiguière, ostensoir, sur branches de laurier ; — deuxième panneau : chandelier, calice, missel, sur pampres de vigne ; — troisième panneau : mitre, livre, crosse sur laurier ; — quatrième panneau : livre ouvert sur lequel on lit : *liber sanctorum via cœli*, croix et deux flambeaux sur pampres.

Au-dessus de l'autel, un rétable surmonté d'une gloire et de deux vases de fleurs, œuvre du XVIIIe siècle, encadre un tableau représentant l'*Adoration des Mages*, par Chabot, peintre à Paris; 1861. De chaque côté : à gauche, une statue de *saint Germain*, bois, XVIe siècle; à droite, une statue de *saint Nicolas*, plâtre polychromé de Froc-Robert. 1867.

Le sanctuaire et le chœur sont garnis d'un beau pavage en carreaux mosaïques provenant de la fabrique de M. Boullenger aîné, d'Auneuil; 1867.

Le bas-côté, construit au XVIe siècle, est terminé à l'orient par une chapelle de la *Sainte Vierge* contenant un autel moderne surmonté d'une statue de la Sainte Vierge. Il est éclairé, au midi, par six fenêtres. Les deux plus près de l'autel datent de la construction, au XVIe siècle, et sont en style ogival flamboyant, divisées par un meneau. Elles sont garnies de vitraux peints. Dans la première sont une *Immaculée Conception*, don de M. le comte d'Auteuil, et un *saint Aimé*, avec les armoiries des Motte de Bizancourt au bas, don de Mme Motte de Bizancourt. Dans la seconde sont des grisailles à médaillons, représentant l'un *saint Alexis*, patron de M. Paliu, curé actuel, et l'autre *sainte Thérèse*. Ces vitraux sont modernes et sortis des ateliers de M. Ch. Lévêque, peintre-verrier à Beauvais. Les quatre autres fenêtres ont été remaniées et restaurées en 1867.

Dans la nef et le bas-côté est un *chemin de croix* peint sur toile par Chaillot.

À gauche, sous le clocher, est une chapelle de *saint Joseph*, aménagée en 1876, avec un autel surmonté d'une statue de saint Joseph, en plâtre, de la même époque. Cette chapelle est éclairée, au nord, par une fenêtre ogivale du XIIIe siècle. La voûte en pierre, avec nervures, a été remaniée au XVIe siècle. On remarque aussi dans cette chapelle, dans la partie faisant face à l'autel, une baie de rosace ménagée au XVIe siècle, mais aujourd'hui aveuglée par un mur.

Le clocher est latéral et carré, portant 6 mètres à l'intérieur, construit, au XIIIe siècle, en cailloux et moellons, avec contreforts en pierre d'appareil; il est percé dans le bas de deux fenêtres, dont l'une est aveuglée par la sacristie. À la partie supérieure de la tour, il présente, sur chaque face, deux fenêtres en ogives garnies d'ornements en dents de scie, motifs qui se reproduisent au cordon de l'entablement du sommet. Il est terminé par un chapeau en mitre et couvert en ardoises. Il contient une grosse cloche de la fin du XVIIIe siècle.

L'église a été recouverte, en 1853, en pannes d'Auneuil, de la fabrique de M. Collin.

Avant la Révolution de 1789, la fabrique de cette église possédait des biens assez considérables. Ils lui avaient été donnés, à charge de fondations pieuses. L'assemblée nationale s'en empara et les mit à la disposition de l'État par son décret du 2 novembre 1789. Ils furent vendus les 25 mars et 6 juin 1793, répartis en plusieurs lots. En voici l'énumération d'après les actes d'adjudication conservés aux Archives de l'Oise (1) :

Une mine de terre sise à Vaux, lieu-dit les Chanvrières; 1 arpent à Berneuil, l. d. le Bois d'Argies; 1 mine à Vaux, l. d. les Fontaines des Corbeaux; 1 mine à Vaux, l. d. le Moulin Brûlé, 20 verges de pré, en la prairie de Vaux, adjugés, le 25 mars 1793, à Charle Devaux et Jean-Charles Patin, pour 1,020 livres.

Une mine et demie de terre et pré, l. d. les Croiselles; 1 mine, l. d. les Hayettes ou la Carbonnière, 1 mine l. d. la Cornouillère; 5 quartiers l. d. le Cafarin; 1 mine, l. d. la Haye Torte; demi mine, l. d. le Mail; 3 quartiers de pré, sous la Quenotte, adjugés, le 6 juin 1793, à César Patin et François Alépée, pour 3,175 livres.

Demi mine de pré, l. d. le Bosquet Gratien; 1 mine de terre l. d. le Chemin d'Auneuil, adjugées, le 6 juin 1793, à François-Lucien Garnier, négociant à Beauvais.

Une mine et un tiers d'arpent de terre à Vaux; demi mine, l. d. la Haye Torte; 1 mine, l. d. les Blanchards; 1 mine, l. d. les Trois Cornets; 1 mine, l. d. les Chanvrières; 1 mine, au même lieu; 1 mine, l. d. le Cafarin; 1 mine, l. d. l'Avaloir; 1 mine, l. d. le Mont Renard; 1 quartier, l. d. le Courtil Pillon; 1 quartier, l. d. le Mont Renard; demi mine de pré, en la prairie de Berneuil; 1 mine de terre, l. d. le Mont Renard; 3 quartiers, l. d. l'Hommelet; 1 mine, l. d. le Haulger; 1 mine, l. d. les Croiselles; 1 mine et demi, l. d. les Foisselles; demi mine de pré en la prairie de Berneuil; 1 mine de pré, l. d. les Longs Prés; demi mine de terre, l. d. le Chemin de Valdampierre; 10 verges de pré, l. d. Saint-Antoine; 5 quartiers, l. d. l'Hommelet; 3 mines, l. d. les Foisselles; 1 mine, l. d. le Haulger; 5 quartiers au Champ des Mailles. Ces vingt-cinq pièces sont adjugées, le 6 juin 1793, à Antoine Mercier, Jean-Alexis Taillefert, de Beauvais, Jean Vaast, Germain Gaillard, Honoré Gaillard,

---

(1) Arch. de l'Oise : *Fonds domaines nationaux.*

Pierre Mennecier, Michel Saint-Aubin, Claude Devaux, Claude Marc, Jacques Hardy, François Pourchelle, César Palin, Jean-François Alépée, Jean Pial, pour 7,900 livres.

Une mine de pré, l. d. Saint-Antoine; 3 mines de terre, l. d. les Trois Cornets; 1 mine près du bois Nivert; 1 arpent au petit chemin de Vaux; 1 arpent de pré en la prairie de Berneuil; demi mine de terre près du moulin à vent; 1 mine, l. d. les Terres Blanches; 1 mine près de Bizancourt; 1 arpent, l. d. les Trois Cornets; 1 arpent, l. d. la Fosse Vattier; demi mine, l. d. les Petits Prés; 3 quartiers, l. d. la Haye Torte; adjugés, le 6 juin 1790, à Jean Thourel, François Dupuis, Germain Gaillard, César Palin, Jean-François Alépée, Laurent Pourchelle, Robert Lecat, Jacques Hardy et Côme Duchâtel, pour 4,500 livres.

Un arpent de terre, l. d. les Trois Cornets; 1 mine 10 verges, l. d. le Champ des Mailles; 1 mine, l. d. les Terres Blanches; 2 mines et demie, l. d. les Longues Rayes; un tiers de mine près du bois Nivert; demi mine, l. d. les Trois Cornets; 3 quartiers, l. d. le Larris; demi mine, l. d. la Bonne Mie; demi mine, l. d. la Salle; demi mine, l. d. la Carbonnière; 1 mine près du bois Nivert; 1 mine au chemin de Villotran; demi mine de pré, l. d. les Long Prés; 1 arpent de terre, l. d. la Salle; 1 arpent, l. d. la Bonne Mie; 3 mines près de la Cornouillère; adjugés, le 6 juin 1790, à Geneviève Daresme, veuve de Jean-Baptiste Mercier, Germain Durand et Pierre Pâtenotte, pour 7,000 livres.

Une demi mine de pré en la prairie de Berneuil; 3 mines de terre à Berneuil et 1 mine, l. d. l'Avaloir; adjugées, le 6 juin 1790, à Germain Somet, pour 1,370 livres.

Quatre mines de terre, l. d. la Bataille; 1 mine, l. d. les Blanchards; 1 arpent appelé l'Arpent Saint-Germain; 5 quartiers, l. d. la Cornouillière; 1 mine et demie à Vaux; 1 mine, l. d. la Salle; demi mine à Vaux, l. d. le Poirier de Crapaud; adjugés, le 6 juin 1790, à Jean-Charles Palin et Germain Gaillard, pour 3,325 livres.

Une mine de terre, l. d. le Buisson Gogo; 1 mine et demie l. d. les Trois Cornets; demi mine, l. d. les Croisettes; demi mine 4 verges, l. d. le Chemin de Vaux; 1 mine près du chemin de Villotran; adjugés, le 6 juin 1790, à Charles Bourguignon et Rosalie Lotte, veuve de Sébastien Hardy, pour 1,130 livres.

Cinq quartiers près de la Cornouillière; demi mine, l. d. la Noël; demi mine et demi quartier, au même lieu; 1 arpent, l. d. les Foisselles; 3 mines, l. d. Louvencourt; 1 arpent près de la Cornouillière; 3 quartiers et demi, l. d. les Croisettes; demi mine de pré, l. d. les Renardières; demi mine et demi quartier, l. d. les Foisselles; adjugés, le 6 juin 1790, à Claude Devaux, François Gaillard, Pierre Léger, Jean Duru, Pierre Prévost, Jean-Charles Palin, François Gueule et Honoré Gaillard, pour 3,015 livres.

Une mine, l. d. l'Avaloir; 1 mine d'herbage à Berneuil; demi mine, l. d. les Trois Cornets; adjugés, le 6 juin 1791, à Charles Bonteville, pour 1,130 livres.

Une mine et demi quartier de pré, en la prairie de Vessencourt; 1 arpent, l. d. le Champ de Maille; demi mine au même lieu; 9 quartiers derrière les Siards; adjugés à Martin Lamquetin et Laurent Pourchelle, pour 2,175 livres.

Une demi mine de terre, l. d. les Brouillets; 1 arpent, l. d. la Montagnette; demi mine et demi quartier, l. d. le Cafirin; 5 quartiers de pré aux Tirrots; 1 mine, l. d. la Montaguette; 1 mine, l. d. les Croisettes, 3 quartiers, l. d. le Quesnel; un tiers de mine, l. d. les Croisettes; adjugés, le 6 juin 1791, à Germain Guillard, Sulpice Guillard, François Guillard, François Pourchelle, Louis Rayez, Robert Lecat, Antoine Levasseur, Charles Bourguignon, pour 2,400 livres.

Une mine de terre à Saint-Sulpice, adjugée à Sulpice Troptil pour 275 livres.

Une mine de pré, l. d. le Bosquet Gratien; 1 quartier tant terre que pré, l. d. la Carbonnière; 1 quartier, l. d. la Forêt; adjugés à Jean-Charles Patin pour 850 livres.

Une demi mine de pré, l. d. la Carbonnière, adjugée à Laurent Pourchelle pour 350 livres.

Une mine, l. d. l'Avaloir; 1 mine, l. d. la Haye Torte; 1 mine, l. d. la Hautger; adjugées à Jacques Hardy pour 665 livres.

La cure possédait aussi différents biens, et la vente des domaines nationaux (1) accusent 25 verges de pré en la prairie de Berneuil, 3 mines de pré vis-à-vis la ferme des Boëtes, et 5 mines aussi de pré, en deux pièces, lieudit les Petits Reguins, qui ont été adjugées, le 23 janvier 1790, à Geneviève Davesne, veuve de Jean-Baptiste Mercier.

La cure possédait en outre une maison presbytérale et une habitation pour le vicaire.

La maison presbytérale était située dans la rue au Prêtre, derrière l'église et au-dessus d'elle. Elle occupait, avec les écoles, une partie de l'enclos qui confine à la ferme de M⁰ la marquise d'Agrain. C'était une assez grande propriété, contenant un corps de logis, une vaste grange aux dîmes, des écurie, bergerie, étable à vaches et autres bâtiments d'exploitation, un herbage et deux jardins, dont l'un était situé dans la rue du Moulin.

(1) Arch. de l'Oise : *Domaines nationaux.*

Cette propriété, divisée d'abord en 1790, fut vendue par parcelle. L'habitation resta bien encore quelque temps affectée à la demeure du curé, puis elle fut transformée en école.

La maison du vicaire, située sur l'emplacement du presbytère actuel, avait été donnée, vers 1639, à la cure par une fille de Charles Morel, seigneur de Bizancourt. Saisie par la Nation, en 1789, elle fut vendue, le 8 prairial an II (27 mai 1794), à Marie-Anne Gobert, veuve d'Antoine Mélique, demeurant à Beauvais, moyennant 7,025 livres.

Le presbytère actuel est bâti sur l'emplacement de l'ancienne maison du vicaire. Le terrain, avec l'habitation qui l'occupait, fut acheté par la commune, le 31 août 1811, des demoiselles Marguerite-Rose Mélique et Anne-Antoinette Mélique, filles et héritières de Marie-Anne Gobert, pour 1,783 francs 1). La municipalité de Berneuil fit faire des réparations et de nouvelles constructions pour donner un logement convenable au curé. Mais avec le temps, cette habitation, peu solide d'ailleurs, eut besoin de restaurations coûteuses et le conseil municipal se décida à remplacer le tout par le presbytère actuel, belle habitation à double étage, construite en 1858 par Frédéric Bizet, maître maçon à Berneuil. Il coûta 16,000 francs à la commune.

Voici les noms de quelques-uns des curés qui ont desservi cette paroisse :

Fontaine (Philippe) (1583).

Bruneau (Nicole) 1592.

Cornel (vers 1595) a permuté avec Nicolas Lemaire.

Fillon Nicole, vicaire.

Lemaire (Nicolas), chanoine de Beauvais, a permuté son canonicat contre la cure de Berneuil, et fut curé pendant vingt-quatre ans.

Le Clerc (Jean) (1619).

Brocard (Nicolas) 1645, né à Beauvais, fils de François Brocard, conseiller du roi, élu en l'élection de Beauvais, et de Louise-Romaine Flouret. Il fit commencer la construction de l'ancien presbytère. Il mourut à Berneuil et y fut inhumé dans l'église.

1) Archives de la mairie de Berneuil.

Bréard (*Germer*) 1678-1712, frère du précédent, acheva le presbytère, et mourut à Berneuil le 22 septembre 1712.

Le Noyac (*Jean-Marie*) 1712-1720, mourut à Berneuil le 2. mai 1720 et fut inhumé dans le chœur de l'église. Il eut pour vicaires successifs : M. *Pornqueray* (1718), *Bizet* (*Lucien*) (17.., décédé à Berneuil le 2. août 1762.

Tassou? (*Louis*) (1700-1781, décédé à Berneuil le 23 mars 1781 et inhumé dans le cimetière, au pied de la croix. Il a eu pour vicaires : *Deladreue* (*François*) (1762-1772, décédé le 16 février 1772 ; *Froissea* (*Louis-François*) (1772-1780) ; *Tassart* (*Pierre-Étienne*) (1780-1781).

Patard (*Lucien-François*) (1781-1792) eut pour vicaires : *Gaillot* 1781-1783 ; *Clary* (*Nicolas*) (1783-1786 ; *Arillea* (1786-1791), qui fut curé de Villers-Saint-Barthélemy après la Révolution. M. Patard prêta serment le 16 janvier 1791, mais refusa, le 18 mars 1792, de lire en chaire l'instruction pastorale de l'évêque constitutionnel Massieu, et donna peu après sa démission de curé de Berneuil.

Quand les excès de la Révolution se calmèrent, le service religieux et l'administration des sacrements furent repris à Berneuil, le 12 mars 1796, par *Grégoire Lansart*, prêtre de Beauvais, le 25 juillet 1796 par *Vincent-Théophile Jacquet*, le 12 septembre 1797 par *Laury* (*Grégoire*), prêtre, le 10 janvier 1801 par *Marie* (*François-Toussaint*), prêtre, natif de Saint-Remy-en-l'Eau.

En 1803, après la réorganisation du culte, le service religieux fut remis en ordre, et les paroisses eurent leurs curés. Alors nous trouvons à Berneuil :

MM. *Lebrun* (1801),

Toquenne (1813),

Beaudoin (1818),

Duffay (*Jean*) (1821), décédé le 10 décembre 1828.

Blot (*Antoine-Nicolas* (1824-septembre 1830).

Couzon (*Pierre-Constant*), octobre 1830 à 15 octobre 1835.

Devergie (*Hippolyte*) (1835-1837), passé à La Landelle.

Joly (*Jean-Baptiste-Lambert*) (1837-1842, né à Pierrefitte (Oise), mort curé de Fresles. Pendant la vacance qui suivit son départ, le service fut fait par M. *Beaudon*, curé de Frocourt.

Palin (*Alexis*), né à Fontenay-Torcy (Oise) en 1816, actuellement en exercice depuis le 11 août 1841.

1° *Administration civile.* — La vie municipale et l'administration civile proprement dite ne commencèrent à Verneuil, comme dans bien d'autres localités, qu'en 1789. Sans doute, avant cette époque, les habitants pouvaient se réunir et se réunissaient sous la présidence du syndic ou du bailli de la seigneurie pour s'occuper des affaires de la communauté et pour la répartition des taxes et impôts. Mais en 1789, le roi Louis XVI voulut donner une part plus active aux affaires à tous les habitants de son royaume. Il prescrivit aux nobles, aux membres du clergé, soit séculier, soit régulier, aux habitants du tiers État de chaque paroisse de rédiger, chacun dans leur ordre, un cahier de remontrances, plaintes et doléances à présenter, au chef-lieu de leur bailliage, à l'assemblée qui serait tenue pour rédiger, à l'aide de ces cahiers particuliers, un cahier général pour chaque ordre, noblesse, clergé et tiers État. Ce cahier général devait être présenté et soutenu aux États Généraux par des députés à nommer. Aux assemblées du bailliage de Beauvais, Verneuil fut représenté, dans l'ordre du clergé par Patard, son curé; dans l'ordre de la noblesse par M. de La Vacquerie, seigneur de Hachivillers, possesseur des fiefs de Beaupré, de Bourbon en partie et de Gaudechart; dans le tiers État par César Patin et François Baticle (1). Ces derniers apportaient le cahier des plaintes et doléances de leur paroisse. Il était ainsi conçu :

L'an mil sept cent quatre-vingt-neuf, le troisième jour de mars,

En l'assemblée générale des habitans, corps et communauté de la paroisse de Verneuil, annoncée au prône de la messe paroissiale dimanche dernier, et à l'issue de la messe par le sindic, et encore cejourd'huy au son de la cloche, tenue en l'auditoire de cette paroisse en la manière accoutumée,

Pour répondre par la communauté, autant qu'il est en elle, aux vues bienfaisantes de Sa Majesté et donner des preuves de la reconnaissance dont elle est par les soins qu'elle prend pour la régénération de l'État, et satisfaire à l'ordonnance de Monsieur le bailly de Beauvais, du 17 de ce mois, notifiée à la dite communauté, en la personne du sindic, le 9 du même mois;

Il a été arrêté unanimement que pour parvenir au soulagement du

____

1 G. Desjardins : *Le Beauvoisis, le Valois, le Vexin-Français, le Noyonnais en 1789.*

peuple et rétablir l'ordre dans les finances, il paraît nécessaire à la
communauté :

1° De vérifier et constater la dette nationale, d'en assurer le payement
de la manière la moins onéreuse, pour la sûreté des créanciers de l'État
et l'honneur de la nation.

2° De mettre l'ordre et la clarté dans chaque partie de l'administration,
d'en retrancher les détails et les dépenses inutiles, de réunir, autant qu'il
sera possible, les fonctions de ceux qui en seront chargés, pour simplifier et diminuer la dépense.

3° De faire un état fixe des charges ordinaires et d'assigner les fonds
pour les acquitter.

4° Que les charges étant ainsi fixées, il conviendrait fixer et arrêter
les impôts et leurs quotités nécessaires pour y subvenir, de manière que
l'impôt ait une destination fixe et qu'il n'excède pas les charges, ou que
si il les excédait l'excédant soit employé à l'acquis et diminution de la
dette nationale.

5° Que les États-Généraux s'assemblent tous les cinq ans, excepté la
première fois, qu'il conviendrait qu'ils fissent assemblés deux ans après
la clôture de ceux qui vont avoir lieu, afin qu'ils puissent juger de la
solidité de ce qui y aura été arrêté.

6° Que les pays d'élections soient érigés en États provinciaux ou qu'il
soit donné aux assemblées provinciales, pour en tenir lieu, les pouvoirs
et droits nécessaires pour pouvoir faire le bien du peuple.

7° Fixer à chaque province sa portion contribuable, fixe et invariable
jusqu'à changement dans les charges de l'État, de manière que chaque
paroisse ou communauté d'habitants ait aussi sa portion contribuable
fixe, qu'elle sache ce qu'elle a à payer annuellement, pour en faire la
répartition elle-même, sans commissaires, qui ne servent qu'à mettre le
trouble et la confusion, où doit régner la justice et la clarté, et qu'
d'ailleurs, par les appointements qui leur sont donnés, grèvent l'État
d'une charge absolument inutile.

8° Que la répartition actuelle de taille par provinces ou généralité n'est
pas juste. Qu'en effet la généralité de Paris est beaucoup plus chargée
que les autres. La communauté ne se dissimule pas que les environs de
Paris peuvent avoir plus d'avantages pour leurs denrées ; mais l'élection
de Beauvais entre autres ne tire pas plus d'avantages de la capitale que
les élections de Montdidier, Amiens, Chaumont et autres qui l'avoisinent,
cependant la taille y est plus forte.

9° Pour éviter que Sa Majesté soit trompée et le Trésor public diverti,
il paraît nécessaire que le ministre des finances rende compte tous les
ans de sa gestion aux députés des États provinciaux ou assemblées provinciales, à qui il communiquera les pièces justificatives de la recette et
de la dépense, et tous les états nécessaires au soutien de son compte.

1re De supprimer les droits d'aides, et particulièrement le gros manquant, connu dans les campagnes sous le nom de trop bu ; en ce que ce dernier attaque tout à la fois le droit sacré de la propriété et la liberté de faire usage de sa chose, en forçant un particulier de payer un droit pour une boisson qu'il conserve en cas de besoin ou qu'il consomme lui-même, comme s'il le vendoit à un étranger ; que d'un autre côté il est certain que de 20 centimes perçus sur le peuple, il n'y en a pas 1 qui entrent dans le Trésor de l'État.

Que dans le cas cependant où il seroit absolument nécessaire et indispensable de suppléer cette suppression par un équivalent, la communauté pense qu'en percevant dans la campagne, sur les cidres, 10 sols par muid au-dessus de la consommation de chaque particulier, cela produirait plus au Trésor royal que les droits de gros pour congés et gros manquant que l'on paye actuellement, (parce que le pré-usage d'un muid de cidre a t coûté en 1788 à peu près 1 sols.

Qu'il seroit nécessaire de mieux répartir la consommation qu'elle ne l'est aujourd'hui, car il n'est pas juste qu'une femme seule ait une consommation de six muids, tandis qu'un chef de famille qui a six ou huit enfants n'en a pas davantage.

En percevant ces 10 sols il n'y auroit plus ni congé, ni gros, ni gros manquant, chacun feroit de sa chose ce que bon lui sembleroit ; mais en même temps que l'assemblée indique un équivalent, il conviendroit aussy indiquer la manière d'en faire la perception à moins de frais possible. La voici :

Il seroit fait un inventaire tous les ans, comme aujourd'hui, sous les ordres des assemblées de département. Ensuite il seroit fait un rolle ou déduction faite des consommations, chaque particulier seroit porté à raison de 10 sols du muid. Le sindic ou le collecteur en feroit le recouvrement et le verseroit directement au Trésor royal ou dans la caisse du département dont nous parlerons ci-après.

Quoique cette marche soit simple et peu coûteuse, la communauté ne se dissimule cependant pas que l'inventaire opèrera des petits frais, que d'un autre côté l'impôt serait incertain et variable. Voici un autre moyen que la communauté croit devoir proposer et qui lui semble être préférable.

Il est facile de faire un relevé des inventaires faits depuis vingt à trente ans dans chaque paroisse, d'en faire le produit d'une année commune, et distraire les consommations, mieux réparties et plus justes qu'à présent ; d'après cela il serait facile de donner à chaque paroisse ce qu'elle devra payer, à raison de 10 sols par muid. La répartition du contingent qui lui seroit donné seroit répartie par elle, eu égard à ce que chacun possède d'arbres fruitiers. De cette manière l'inventaire ne seroit plus nécessaire, l'impôt seroit certain, pourroit être remis au rolle de la taille et être versé sans aucun frais au Trésor royal ou dans la caisse du département.

Pareil chose pourroit être observée pour les vignobles en triplant l'imposition par arpent.

Il pourroit être également fait pour les villes où les droits d'entrée ont lieu, un relevé aussi depuis vingt à trente ans de ces droits d'entrée et en faire le produit d'une année commune. Sur cette année commune on pourroit déduire moitié (les frais de la perception actuelle absorbent au moins cette moitié), et le surplus seroit réparti entre les habitans, sur le rolle de la capitation, eu égard à la quantité des personnes dont chaque ménage est composé et à leur fortune.

11° De supprimer les gabelles, dont le produit, s'il est indispensable et absolument nécessaire d'être remplacé, pourra l'être dans la campagne de la manière qui suit :

Un particulier payant 3 livres de taille ou partie de 3 livres parce qu'il répugne de forcer un malheureux qui n'a pas de pain, d'acheter ou payer du sel jusqu'à 4 livres, payerait 20 sols; depuis 4 jusqu'à 8 livres, 2 livres; depuis 8 jusqu'à 12, payerait 3 livres; depuis 12 jusqu'à 16 livres 4 livres; depuis 16 jusqu'à 24, 6 livres; depuis 24 jusqu'à 48, 9 livres; depuis 48 jusqu'à 72, payerait 12 livres; depuis 72 jusqu'à 100 livres, 15 livres; depuis 100 jusqu'à 200 livres, payerait 21 livres, et ainsi de suite en augmentant de 6 livres par chaque 100 livres. Cette imposition seroit également au rolle de la taille.

La communauté n'ayant pas les renseignements nécessaires se bornera à dire ici qu'indépendamment du bénéfice qui en résultera pour le peuple il serait versé davantage au Trésor royal que suivant le régime. Pour les villes, on pourroit prendre pour base le rôle de la capitation, soit à proportion de ce que chacun payeroit à raison du nombre des individus qui composeront chaque ménage, en égard à l'état des personnes.

12° La disproportion des impôts de campagne d'avec ceux de la ville est trop frappante pour n'en pas apercevoir l'abus. Pour faire sentir combien cette demande est juste, nous allons donner quelques exemples de ce que payent les habitans des campagnes; nous prendrons pour base un sol médiocre de cette élection. Premier exemple : un particulier de campagne qui possède en propre un revenu de 100 pistoles et différents fermages, montant à 1,800 livres, paye environ 6 à 650 livres de taille et accessoire, indépendamment des congé gros manquant pour le clître, corvée, etc. Second exemple : un autre particulier qui n'a pas de propre, mais seulement un fermage d'environ 2,000 livres, paye en taille et accessoires 320 à 350 livres. Troisième exemple : un autre petit particulier qui a en propre seulement une petite maison et trente-sept perches d'héritage évaluées 11 livres de revenu, paye 3 liv. 15 sols, tandis qu'aucun commerçant qui, avec 100,000 livres, fait un commerce de 100,000 livres, ce que dans lequel il gagne 20 à 30,000 livres, ne paye pas, à beaucoup près, même autant que les laboureurs repris sous les deux premiers exemples, tandis qu'un bourgeois qui a 5 à 6,000 livres de rente, sur lequel il ne lui est retenu que le vingtième, ne paye ni capitation à raison de cet objet, ni autre impôt quelconque, au lieu que les habitans des campagnes, qui doivent ces rentes, payent taille, accessoires, vingtième et taille personnelle, et même la corvée.

En vain les villes objecteraient leurs entrées. Il est notoire qu'il y a journellement dans les villes des habitans des campagnes où par la consommation qu'ils y font payent une partie de ces entrées; d'un autre côté, ils payent encore une partie de ces entrées soit en prenant leurs provisions dans les villes, soit en y portant leurs denrées. La ville perçoit encore des entrées à travers affermées 11,200 livres qui sont payés par les habitans de campagne. La communauté observe qu'avant qu'il y eut des chemins tels qu'il en existe aujourd'huy, le commerçant payait 4 et 5 livres par cent pesant pour le transport de ses marchandises de Beauvais à Rouen et Paris, tandis qu'aujourd'huy ce transport ne lui coûte que 15 à 20 sols. C'est donc le commerçant qui profite de ces chemins, qui les écrase par la pesanteur de ses voitures, chemins que le cultivateur a fait à ses dépens seul et qu'il entretient encore seul aujourd'huy, puisque la prestation en argent, représentative de la corvée, se paye seulement par les taillables. Pour remédier à cet abus, pour ne pas dire injustice, il seroit nécessaire d'établir des péages ou barrages à chaque poste, qui serviroient d'abord à l'entretien ou réparations des chemins, et s'il y avoit du surplus, il seroit employé à l'extinction de la dette nationale. En fixant ce péage à chaque poste, les voyageurs n'éprouveroient aucun retard, et ce seroit la manière la plus juste de faire supporter l'entretien des chemins, puisqu'en agissant ainsi il n'y auroit que ceux qui les usent qui payeroient.

11° Il seroit nécessaire de simplifier le code judiciaire pour abréger la durée des procès et les rendre moins dispendieux.

La communauté pense qu'en accordant aux justices seigneuriales le droit de juger en dernier ressort toutes les causes susceptibles d'évaluation qui n'excéderaient pas 40 livres de principal. Ce seroit parvenir à ce but pour la campagne en ordonnant que les jugemens seroient rendus sommairement et sans frais, sauf les causes où il seroit nécessaire d'une visite d'experts et autres formalités indispensables et nécessaire pour éclairer la justice des juges qui nommeroient d'office ces experts sans le concours des parties intéressées, de manière que ces experts ignoreraient les noms des parties, de manière cependant que les procès soyent jugés trois mois au plus tard de la date de l'exploit introductive de la demande.

11° Un autre abus révoltant est que la dixme ayant été instituée par les fidèles pour la subsistance de leurs pasteurs, leur logement, l'entretien des églises et le soulagement des pauvres, les gros décimateurs jouissent de ces droits en faisant supporter aux cultivateurs et habitans des campagnes les charges d'entretien et reconstruction des églises et presbytères. Pour y remédier, il est nécessaire qu'il soit fait un règlement qui portera que la dixme se percevera seulement sur les quatre gros fruits, c'est-à-dire blé, seigle, orge et avoine, et défense aux décimateurs de la percevoir sur les autres espèces de grains et récoltes.

15° La trop grande quantité de gibier étant un fléau pour le cultivateur, il seroit nécessaire de réformer la loi qui existe à ce sujet, de manière que lorsque le cultivateur s'apercevroit du tort que lui fait le gibier, il lui suffiroit de prendre un expert, de faire sommer le seigneur de se trouver, ou quelqu'un fondé de son pouvoir avec expert de sa part, à un jour indiqué qui sera au moins huitaine après la sommation à la visite, pour constater le dommage. Faute par le seigneur ou quelqu'un de sa part de se trouver, il seroit procédé à la dite visite, dont expert nommé par le plaignant fera son rapport, qu'il affirmera véritable devant le juge où ressort les appels de la justice du seigneur ou au bailliage du lieu, et le seigneur tenu de payer le dommage sans autres visites ni procédure.

Le pigeon faisant également un tort considérable aux cultivateurs soit lors des semailles, soit lors que les grains sont en maturité, il seroit nécessaire d'enjoindre à ceux qui, par les coutumes, ont le droit d'en avoir, de les retenir chez eux et de permettre aux habitans des campagnes de les tuer s'ils dévastent les plaines.

16° L'expérience prouvant que loin que les haras servent à multiplier leurs espèces, il résulte une diminution considérable depuis leur établissement, qui opère la cherté excessive des chevaux. Il seroit nécessaire de les supprimer, comme opérant d'ailleurs une dépense inutile et considérable à l'État.

17° Il existe une quantité de maisons de religieux qui étoient composées de vingt à vingt-cinq religieux, qui se trouvent aujourd'huy réduites à six ou huit; d'autres même réduites à un si petit nombre que les offices ne peuvent être faits selon l'institut. La communauté estime qu'il conviendroit tirer de différentes maisons du même genre des sujets pour compléter ces communautés telles qu'elles doivent être suivant l'institut, et que les biens des maisons où, par cet arrangement, il ne resteroit aucun sujet soyent loués ou adjugés au profit de l'État jusqu'à ce qu'il y ait des sujets pour les remplir; jusqu'au quel temps les revenus seroient employés à l'acquit de la dette nationale; et comme par ce moyen il ne seroit plus nécessaire qu'il y eut d'abbé commendataire, il en seroit usé de même pour les revenus de la mense abbatiale.

18° La communauté observe que pour que l'impôt levé sur le peuple parvienne sans frais et intact au Trésor de l'État il est un moyen bien simple, c'est de charger les assemblées de département de nommer un caissier d'entre leurs membres, qui fera pendant un an seulement la recette de tout le département gratis. Il en seroit nommé un chaque année, et ce caissier verseroit directement au Trésor royal. Ce seroit une satistisfaction pour celui qui paye l'impôt de savoir que le fruit de ses sueurs et de son travail tourne uniquement à l'acquit de la dette publique.

1° Pour alléger le poids des impositions dans la campagne, il paroît juste d'imposer à la taille tous les privilégiés qui font valoir leurs fermes, bois, dîmes, champarts, etc., et ce qui proviendroit de cette imposition seroit diminué sur ce que payent les taillables actuels.

2° La communauté observe enfin qu'étant épuisée par les cens, champarts, chapons de coutume, corvée au seigneur, et retour des meuniers il lui est presque impossible de subsister et de payer les impôts; que pour remédier à ces abus, il seroit nécessaire de réunir, au profit des habitans, les Communes du lieu, qui auroient la faculté de les cultiver en en faisant le partage. Il seroit également à propos de supprimer les corvées qui se payent au seigneur, à moins qu'il ne répare à ses frais les rues de la paroisse; il seroit également juste de défendre les cabarets et jeux publics qui y sont établis, comme étant des objets de dissipation et de désordre, et de diminuer les cens.

3° Le tirage de la milice occasionnant une perte de tems considérable et une dépense par les bourses, quoique défendue, qui devient très onéreuse aux habitans, il seroit nécessaire d'en faire la suppression, sauf à prendre pour le remplacement le parti le moins onéreux au peuple.

BAILLEUL. D. THÉVET. G. LEMAY. François DESLIENS. Guillaume DESLIENS. Claude DEVEAUX. Claude GUILLAUME. Sulpice GUILLARD. Côme DECHATEL. F. GAUTIER. DELANNOY. F. DUPUIS. Germain GUILLARD. F. GUILLARD. NION. Antoine CAIGNY. HARDY. H. DUPUIS. Claude   . G. HARDY. CAIGNY. Y. LEROUX. Robert LECAT. L. LEROUX. LEROUX. Pierre GUILLARD. Pierre PINSON. L. RAFFEL. Charles LEMAIRE. C. PATIN. OUDAILLE. GILLÉ.

Lors de l'élection des députés du Tiers-État par les délégués des paroisses du bailliage de Beauvais, le 19 mars 1789, l'un des deux élus fut un habitant de Berneuil, Pierre Oudaille, et le second fut Millon de Montherlant, avocat à Beauvais. Pierre Oudaille n'était qu'un simple cultivateur, mais c'était un cultivateur intelligent et avisé. Il était originaire de Berneuil. Il tint honorablement sa place à l'Assemblée nationale, à Versailles, jusqu'à la fin d'août 1791. A cette époque, il rentra dans la vie privée, un décret célèbre déclarait inéligibles les membres de l'Assemblée constituante. Il renonça sans peine à la vie politique et vécut paisiblement à Berneuil. Il mourut en 1810, à la Neuville-d'Aumont.

En 1790, lors de la création du département de l'Oise et de sa division en districts et en cantons, Berneuil fut compris dans le district de Beauvais et attribué au canton d'Auneuil, comme il l'est encore aujourd'hui.

Des faits de cette époque, nous n'en citerons que quelques-uns, en les empruntant aux papiers publics, et sans les commenter, ni les apprécier. Ces temps sont encore trop près de nous, et nous tenons à laisser le silence se faire un peu sur les personnalités et sur les passions violentes de ces jours.

1792, 15 août. — Arrêté de la municipalité pour défendre les danses, fêtes et violons, la Patrie étant déclarée en danger.

— 30 décembre. — La municipalité désigne une salle du presbytère pour lieu de ses réunions.

1793, 31 août. — Visite domiciliaire chez la comtesse d'Auteuil, comme suspecte et gardée à vue dans son château.

— 1er novembre. — Arrêté municipal chargeant Simon Devaux et Pierre Gaillard, maçon, moyennant 20 livres, de démolir les croix et statues des ci-devant saints dans l'église; et Germain Durand, Augustin Duchâtel et Pierre Durand, charpentiers, de descendre les cloches et d'enlever les grilles du chœur et du cimetière.

— 2 novembre. — Enlèvement de la ci-devant église de : 1° 185 livres de cuivre argenté provenant de deux croix, de seize chandeliers, de quatre girandoles, d'une lampe avec ses chaînes, de deux petites couronnes, de quatre petits chandeliers, d'un chandelier dormant, d'une sonnette, d'un encensoir et sa navette, d'une paix, d'un bassin à quêter, d'un coq et d'un soleil venant du clocher, et d'un bénitier en fonte bronzée; 2° 25 marcs pesant d'argent provenant de deux calices, d'un ostensoir, d'une custode, trois boîtes aux saintes huiles, un encensoir et sa navette, une croix de procession, deux petites croix, deux petits chandeliers, un plateau et ses deux burettes. Toutes ces matières d'argent et cuivre furent envoyées à la Monnaie de Paris le 21 novembre 1793, avec 220 livres 8 sols d'argent monnayé, trouvés dans la caisse de la fabrique. On envoya en même temps 3,200 livres de métal provenant de deux cloches (on laissait la grosse, celle qui est encore dans le clocher, pour le service de la municipalité), 1,600 livres de fer, provenant des ferrements des cloches, de la grille du chœur et des trois grilles du cimetière, 60 livres de plomb venant de la cuvette des fonts.

Le 5 mars 1791, la municipalité avait fait porter au district de Beauvais tous les linges et ornements de l'église, consistant en trente-trois surplis et aubes, trente-sept nappes d'autel, quatre petits surplis, dix-sept serviettes, sept amicts, un voile de statue et d'autres petits linges, six soutanes rouges, une robe de bedeau, une bannière, un dais, vingt chappes, vingt chasubles, deux petites tuniques d'enfants de chœur, deux draps des morts, deux devant d'autel et six rideaux (1). Après cela, l'église était complétement dépouillée.

1795, 19 avril. — Les femmes de Perneuil font leur déclaration à la mairie que leur intention est de se réunir à la ci-devant église pour y prier Dieu.

1796, 12 mars (veille de la Passion). — Déclaration de Grégoire Lansart, de Beauvais, pour célébrer les cérémonies du culte dans la ci-devant église.

— 25 juillet. — Déclaration par Vincent-Théophile Jacquet, prêtre, pour exercer le ministère du culte catholique dans l'église (2).

— 18 décembre. — Même déclaration par Paul Lehermes, secrétaire de la municipalité du Coudray-Saint-Germer.

1797, 28 mai. — Même déclaration par Charles Lelièvre, de Villotran.

— 12 septembre. — Même déclaration par Grégoire Laury, prêtre, de Beauvais.

Le chef ou président de l'administration municipale inaugurée en 1790 portait le nom de *Maire*, et il était assisté d'un conseil municipal. Leur mandat était électif. Les premiers maires de Perneuil furent :

MM. Oudaille (Pierre), député aux États Généraux (1789).

Gaillard (François), 1790.

Oudaille (Pierre), 1792.

Gaillard (Sulpice), 1793, 1er mai.

Leroy (Jean-Nicolas) (1793, 1er juin).

1) Archives de la commune de Perneuil.

2. Ib.

La Constitution de l'an III changea ce titre en celui d'*Agent municipal*.

M. Oudaille (Pierre) (1795).

La loi du 17 février 1801 rétablit le titre de *Maire*.

MM. Oudaille (Pierre) (1801).

Patin (1807).

Lefébure (Jean-François) (1813).

Garnier (Henri) (1816).

Motte de Fazancourt (Pierre-Louis-Charles) (1821).

Patin (Antoine-Auguste) (1830).

Lefebure (Jean-François) (1831).

Patin (César) (1838).

Dupuis (Denis) (1842).

Lefébure-Triboul (Jean-François-Frédéric) (1846).

Gaillard (Auguste) (1848).

Dupuis (Alexandre) (1858).

Patin (Côme-Auguste) (1871).

Gaillard (Noël) (1876), actuellement en exercice (1885).

Instruction publique. — L'instruction est donnée dans cette commune par un maître et par une maîtresse laïques.

L'école des garçons était, avant la Révolution, derrière l'église, à côté du presbytère; en 1793, on lui affecta le presbytère, dans lequel on fit la classe jusqu'en 1818. A cette époque, on acquit d'un sieur Bigot un immeuble que l'on transforma en école, c'est aujourd'hui l'école des filles. L'instituteur y resta jusqu'en 1875. En 1874, la municipalité acheta des sieurs Rose, Vast et Mercier un terrain assez vaste, et y fit construire par Jean-Baptiste Defrocourt, entrepreneur de maçonnerie, de Sénefontaine, le splendide palais scolaire avec la mairie que nous y voyons. Cela coûta 30,000 francs à la commune, mais c'est beau et bien aménagé. La classe fut mixte, eut garçons et filles depuis la Révolution jusqu'en 1867, époque où on créa une école spéciale de filles. Voici les noms de quelques-uns des instituteurs :

Gavois (Simon) (1720), mort le 16 mai 1722.

Commelin (Louis), (1722), mort le 3 mars 1737.

Tassart (Jangon) (1737).

Lebesgue (Augustin) (1738).

Pillon (Charles), 1742.

Thévet (Laurent) (1717), était encore instituteur en 1773.

Bigot (1801).

Falempin (1811).

Levasseur (Antoine) (1816).

Marchand (Clotaire) (1837).

Chevalier (Augustin) (1842).

Meslin (Xavier-Jules) (1857), en exercice.

Il existait une école de filles à Berneuil bien avant 1789. Cette école était tenue, en 1756, par sœur Barbier (Françoise), qui décéda le 15 juillet 1789. Une autre religieuse la remplaça jusqu'à ce que la Révolution vint l'expulser. L'école était aussi située derrière l'église, près de l'école des garçons. La classe spéciale pour les filles, supprimée en 1792, ne fut rétablie qu'en 1857. On lui affecta alors une partie de l'école des garçons, et toute cette école, en 1875, quand les garçons eurent été transférés dans leur école neuve.

Les institutrices qui y ont enseigné depuis cette époque sont :

Leroy (Julia) 1857.

Bouché (Stratonice) (1874), en exercice.

Il y avait autrefois une école de filles à Vaux; elle avait été fondée par l'abbaye de Saint-Paul. Elle exista jusque vers 1790.

Établissement de bienfaisance. — Berneuil possède un bureau de bienfaisance créé en 1823, et dont la première mise de fonds provient d'une rente sur le bureau d'Auneuil. Cette rente sur le bureau d'Auneuil vient de la répartition ou du partage des revenus du bureau cantonal d'Auneuil, créé en 1803 pour subvenir aux besoins des pauvres de tout le canton. Une circulaire ministérielle du 8 février 1823 supprima ce bureau cantonal, ordonna l'établissement de bureaux communaux et prescrivit la répartition des revenus de ce bureau central entre chacun des bureaux de bienfaisance des communes du canton. Auneuil prit sa part et il resta 360 fr. 81 c. qui furent répartis entre les autres communes. Les recettes du bureau de Berneuil, avec la subvention accordée par le conseil municipal, se montent annuellement à 127 francs.

Industrie. — La plus grande partie de la population se livre aux travaux agricoles et à l'élevage du bétail. Il y a par suite en exercice une laiterie et deux fromageries. La laiterie, établie en août 1883, est une succursale de la laiterie centrale Arnoult et Cⁱᵉ, de Paris. Les deux fromageries fabriquent des fromages dits *Mont d'or* et écoulent leurs produits sur Paris. Celle de Gauthier s'établit vers 1850, et celle de Fabvre vers 1857.

Une scierie mécanique fut mise en activité, en 1884, par Gaillard-Tampé. Quelques personne s'occupent de tabletterie et de brosserie.

Les autres professions industrielles sont exercées par Amelin, boulanger; Carrel, bourrelier; Bizet et Duchâtel, charpentiers; Chevallier et Gaillard, menuisiers; Lebrun, tonnelier; Lefèvre et Filassier, maréchaux; Durand, maçon; Davenne et Dumontier, charrons; Carrel, grainetier; Gaillard, veuve Manuel, Dumont, Fortin, Burgos, épiciers et limonadiers.

Propriétés communales. — La commune de Berneuil possède un presbytère, construit en 1808; une mairie et une école de garçons, bâties en 1874; une école de filles, appropriée en 1818, 1857 et 1873; une place publique sur laquelle sont un lavoir et une fontaine, et 23 hectares 60 centiares de biens communaux proprement dits, en nature de terre labourable, pré et friches.

Ces biens communaux se composent de 11 hect. 80 c. au Mont-Florentin et au larris Watelet, de 5 hect. à Vaux, de 3 hect. 51 c. aux Vivrois, et 5 hect. 25 c. lieudit les Coutumes.

Les biens communaux du Mont-Florentin viennent de concessions faites par les seigneurs de La Neuville-Garnier pour libérer leurs bois du droit d'usage et de pacage que Garnier de Hermes, seigneur de ce lieu, avait donné aux habitants de Berneuil, sur la fin du XIIᵉ siècle. Nous avons cité ci-dessus l'arrangement qui intervint à ce sujet en 1218. Les bois soumis au droit d'usage contenaient environ 150 arpents. Les usagers abusèrent tellement de leur droit qu'ils ne tardèrent pas à ruiner ces bois. Alors les seigneurs de La Neuville les cantonnèrent en leur en abandonnant une partie en toute propriété, la partie qui couvrait le Mont-Florentin, à la charge par eux de payer chaque année, par chaque feu, une obole de relevance. Les choses allèrent ainsi pendant des siècles, et les habitants de Berneuil firent, de leurs bois, des landes incultes et refusèrent de payer leur relevance, sous le prétexte que les terrains à eux concédés n'avaient aucune valeur. Ils se gardaient bien de dire que c'était par leur faute. En 1728, le seigneur de La Neuville réclama devant les tribunaux vingt-neuf années d'arrérages de cette redevance, et les gens de Berneuil furent condamnés à payer. M. Dauvet, leur seigneur, voulut intervenir en leur faveur et fit appel du jugement rendu, mais la Cour confirma ce jugement en 1736. Pourtant, en 1743, M. Dauvet finit par s'arranger avec M. de Kessel, seigneur de La Neuville, et par obtenir décharge de la redevance.

Aujourd'hui, une partie de ces biens, remise en culture, est affermée au profit de la commune, et l'autre reste en friche et est abandonnée au pâturage des moutons.

Les biens communaux de Vaux avaient aussi été donnés par les seigneurs de Vaux pour remplacer un droit d'usage que les seigneurs antérieurs avaient accordé aux habitants de ce village. Nous ferons remarquer, à cette occasion, que les seigneurs du moyen âge n'étaient pas aussi durs envers leurs vassaux, qu'on a bien voulu le dire. Ce droit d'usage permettait de couper le bois sec et le mort-bois ou bois non dur et blanc, pour le chauffage des foyers et la réparation des haies et clôtures, ainsi que les quatre poteaux corniers des habitations, en bois dur. Le droit de pacage donnait la faculté de conduire paître ses bestiaux dans les bois. Les seigneurs de ces temps si méprisés avaient plus pitié du pauvre monde que bien des gens de notre époque.

Les biens communaux de Vaux sont partagés entre les divers ménages de ce hameau pour en jouir viagèrement, à la charge d'une redevance annuelle envers la commune. Ce partage a été fait en 1838.

Les autres biens communaux de Berneuil faisaient partie de ce que l'on appelait, au moyen âge, les *Petites Coutumes* et les *Grandes Coutumes* de Berneuil. Ils avaient la même origine que les autres et provenaient des droits d'usage et de pâturage octroyés aux habitants de Berneuil par les seigneurs du lieu. Ces Coutumes relevaient, au commencement du XIVe siècle, des trois fiefs de La Salle, des Bruyères et de Bourbon. Les usagers payaient annuellement par chaque feu ou ménage, à Noël, 4 deniers parisis ou un pain d'égale valeur.

Les *Petites Coutumes*, contenant une douzaine d'arpents, réduits aujourd'hui à 3 hectares 51 centiares, étaient situées auprès des Vivrots. Elles sont aujourd'hui affermées.

Les *Grandes Coutumes*, situées entre Berneuil, Frocourt et Vessencourt, soumises à l'usage, comprenaient, au XVIe siècle, environ 196 arpents forestiers. Les 60 arpents les plus près de Berneuil et attenant aux Petits Niards, relevaient du fief de La Salle, les 76 arpents de bois à la suite, ayant au levant le hameau des Grands Niards, et au couchant le ruisseau et la prairie de Berneuil, faisaient partie du fief des Bruyères; plus loin et formant l'extrémité du massif forestier soumis à l'usage, s'étendaient les 60 arpents relevant du fief de Bourbon. En 1552, le duc d'Orléans, possesseur du fief de Bourbon, fit abattre toute la futaie des bois de son fief, et le taillis repoussant était encore trop faible deux ans après, quand déjà les habitants de Berneuil y menaient paître leurs bestiaux. Le dommage causé était si considérable que le duc donna ordre à ses gardes de saisir tous les animaux trouvés paissant. Un procès s'en suivit et il dura longtemps. En 1561, Pierre Dauvet, possesseur de ce fief, termina la querelle en transigeant avec les habitants de Berneuil. Au lieu de les priver de tous leurs droits, il se contenta de les faire renoncer à tous droits d'usage, de pâturage et autres sur un bois de haute futaie dépendant du fief des Bruyères, et sur 30 arpents de bois taillis relevant du fief de La Salle, et leur accorda droit de pâturage seulement, à l'exclusion de tous droits d'usage, sur 60 arpents de bois qu'il leur désigna. Il stipulait en outre que chaque feu de Berneuil paierait annuellement, à Noël, une redevance de 2 sols et d'un chapon.

Les habitants de Berneuil durent se contenter de ce qui leur était accordé, mais ils usèrent si mal de leur droit que, à la fin du XVIIIe siècle, les bois dans lesquels ils pouvaient mener pâturer leurs bestiaux étaient convertis en surfaces incultes, couvertes de bruyères.

Quand vint la Révolution, les habitants de Berneuil ne manquèrent pas de profiter des lois des 28 août 1792 et 10 juin 1793 pour tâcher de se faire attribuer la propriété des biens communaux dont ils n'avaient que la jouissance et une jouissance restreinte.

L'article 9 de la loi du 28 août 1792 portait: « Les terres vaines et vagues dont les communes ne pourraient pas justifier avoir été anciennement en possession, seront censées leur appartenir et leur seront adjugées par les tribunaux, si elles forment leur action dans le délai de cinq ans, à moins que les seigneurs ne prouvent par titres qu'ils ont légitimement acheté les dits biens, ou par quarante ans de possession. »

La loi du 10 juin 1793 allait encore plus loin : « Tous les biens communaux, disait-elle, connus sous le nom de terres vaines et vagues, sont et appartiennent de leur nature à la généralité des habitants, et quarante ans de possession paisible ne suffiront plus au seigneur. Il faudra justifier d'un titre légitime. »

Les terrains en question n'étaient pas des terrains communaux en vaine pâture, mais des terrains dévastés par les usagers.

M. de Marolles, seigneur de Berneuil, s'opposa à cet envahissement de ses propriétés; mais, incarcéré et ses titres détruits par la Révolution, il ne put continuer sa revendication. A sa sortie de prison, vers la fin de 1794, le besoin lui fit vendre sa terre de Berneuil, sans plus s'occuper des Coutumes. Les ardents du parti révolutionnaire de Berneuil s'emparèrent aussitôt de ces biens et en firent immédiatement le partage, malgré l'opposition des gens honnêtes. Le temps n'était pas aux réclamations, et Mˡˡᵉ de Beaumont, la nouvelle propriétaire de la terre de Berneuil, se tut jusqu'en 1813. Alors elle intenta une action en revendication. Le procès était tardif et fut long. On plaidait encore en 1831, quand le tribunal civil de Beauvais, par sentence du 2 février de cette année, débouta Mˡˡᵉ de Beaumont des fins de sa réclamation et adjugea ce qui restait des Coutumes à la commune de Berneuil.

Le partage de 1793 avait été annulé, mais en 1837 le partage fut fait de nouveau, et chaque part fut abandonnée en toute propriété à chaque chef de ménage alors existant.

La location des biens communaux de Berneuil avec la redevance de Vaux produit encore à la commune un revenu de 600 francs par an.

Chemins. — Le territoire de Berneuil est traversé : 1° du nord-ouest au sud-est par le chemin de grande communication n° 2, d'Ons-en-Bray à Noailles, qui touche aux extrémités de Vaux et de Berneuil;

2° Par le chemin de grande communication n° 35, de Fresne-Léguillon à Beauvais, qui traverse Vaux et se dirige sur Sénéfontaine;

3° Par le chemin de grande communication n° 13, de Berneuil à Beauvais, qui traverse Berneuil, passe aux Vivrots, à la ferme du Pont et au bout de Frocourt.

Il est desservi par le chemin vicinal n° 1er, de Berneuil aux Vivrots par les Petits Niards, les Grands Niards et le moulin des Vivrots; le chemin vicinal n° 2, de Berneuil à La Neuville-Garnier; le chemin vicinal n° 3, de Vaux aux Vivrots, et par un grand nombre de chemins non classés, parmi lesquels on compte le chemin de Beauvais à Villotran, à travers le bois d'Argies, le chemin de Grumesnil à Vaux, le chemin du larris Villers, la voirie aux Vaches venant du bois de Villotran, le chemin de La Neuville-Garnier à Vaux, le chemin de Villotran à Berneuil, l'ancien chemin des Potiers ou de La Neuville-Garnier à Beauvais, le chemin de La Neuville-Garnier à Auteuil, le chemin de La Neuville-Garnier à Berneuil par les terres Blanches, le chemin de Valdampierre à Berneuil et à Beauvais, le chemin des Foisselles, le chemin de Berneuil au château d'Auteuil, le chemin de la rue aux Vaches, le chemin de Berneuil aux Vivrots, le chemin de Berneuil à Sénéfontaine par les Onglées, le chemin de Vaux à Frocourt par le bois de Saint-Symphorien.

Population. — La population de la commune de Berneuil a beaucoup varié. Elle était, en 1755, de 680 habitants; en 1770, de 560; en 1791, de 677; en 1806, de 681; en 1821, de 719; en 1836, de 711; en 1862, de 687; en 1870, de 791; en 1875, de 691; en 1880, de 588; en 1881, de 581.

II. — HAMEAUX. — FIEFS. — LIEUX-DITS.

BIZANCOURT. — Cet écart de la commune de Berneuil se compose d'une maison autrefois seigneuriale, avec ses dépendances, située au nord du chef-lieu et au milieu d'un massif boisé. Il doit son nom au surnom du possesseur du fief des Bruyères, qui a fait construire cette habitation au XVe siècle, à Mathelin De la Marre dit de Bizancourt, et non, comme l'a dit M. Graves (1), à

1) *Statistique du canton d'Auneuil*, p. 21

un seigneur de Bizancourt, près Clermont, qui serait venu s'établir en ce lieu au XVII° siècle.

Le fief dont cette habitation était le chef-lieu était possédé, en 1450, par M° *Nicolas Le Coix*, chanoine de Beauvais, comme nous l'avons dit ci-dessus, en parlant du *fief des Bruyères* dans la seigneurie de Berneuil. Ce chanoine le laissa, avec d'autres terres, à *Jacques Daresnes* et *Mathelin* ou *Mathurin De la Marre* dit *Bizancourt*, ses neveux. Ils jouissaient indivisément de ces biens d'abord, puis ils se divisèrent, et Mathelin De la Marre eut Bizancourt ou le lieu où il établit sa demeure. Après lui il vint à *François De la Marre*, qui en était possesseur en 1516. Celui-ci le donna, vers 1519, à *Adam Le Scellier*, son petit-fils. En 1580, *Nicolas Le Scellier*, seigneur de Bizancourt, comparait à la réformation de la coutume de Senlis, et *Guillaume Le Scellier*, son frère, était avocat au Parlement.

En 1570, *Catherine Le Scellier*, dame de Bizancourt, était mariée à *Fleuri Morel*, trésorier de l'extraordinaire des guerres. De leur mariage naquirent :

> 1° *Charles de Morel*, qui suit.
> 2° *Fleuri de Morel* de Bizancourt, aumônier du roi Henri III, religieux de Saint-Denis, où il obligea les moines à le recevoir parmi eux et à faire les frais de sa profession et du grand repas, auquel assistèrent la plupart des seigneurs de la Cour. Le roi le pourvut ensuite de l'abbaye de Marcheroux. Il mourut abbé de ce monastère, vers 1618, et fut inhumé dans l'église.

Charles de Morel, auditeur en la Chambre des Comptes de Paris, écuyer, devint seigneur de Bizancourt, en 1585, par la donation que lui en fit Catherine Le Scellier, sa mère. Il mourut en août 1617. Il était marié à *Louise Le Picard*, dont il eut entre autres enfants :

> 1° *Louis-Florimond de Morel*, seigneur de Bizancourt, qui suit.
> 2° *Louise de Morel*, dame en partie de Bizancourt, qui épousa *Claude de Guillebon* vers 1621, dont elle eut *Louise de Guillebon*, dame en partie de Bizancourt, mariée à *Antoine de Monchy*, seigneur de Noroy, dont postérité.
> 3° *Marie de Morel*, née en mai 1611.
> 4° *Catherine de Morel*, née en 1615.
> 5° *Suzanne de Morel*, morte en 1633.

  BERNEUIL.

Louis-Florimond de Morel, écuyer, devint seigneur de Bizancourt vers 1635, et posséda cette terre jusqu'en 1657. Elle fut saisie à cette époque et vendue, par sentence du Châtelet, à *François de Resnel*, chevalier, seigneur de Vaux et de Baillibaut. Il la conserva vingt ans dans ses mains, mais saisie encore sur lui elle fut vendue, le 22 janvier 1687, à *Jean-Baptiste de Fallart*, chevalier, seigneur de Saint-Germain-la-Poterie. Il y habita quelque temps. Après sa mort, *Marie-Anne de Compans*, sa veuve, la vendit, le 2 octobre 1713, à *François Motte*, fils de Lucien Motte, l'ancien maire de Beauvais (1656).

François Motte, seigneur de Bizancourt, mourut le 21 mars 1714, et sa femme, *Marie Le Scellier de Hez*, en septembre de la même année. Ils laissaient pour seul héritier un enfant né en mai 1714, *Jean-François-Lucien Motte*. En 1751, il acheta, comme nous l'avons dit ci-dessus, une partie de la seigneurie de Berneuil et mourut, sans être marié, en août 1752. Sa succession fut partagée entre Pierre-Charles Motte, son cousin, issu de Germain, fils de Charles Motte et de Marie-Agnès Dubois, héritier du côté paternel, et François Le Scellier, son oncle maternel, héritier quant aux acquels. François Le Scellier eut la partie de la seigneurie de Berneuil, acquise en 1751, et *Pierre-Charles Motte* eut la seigneurie de Bizancourt (1). Il était officier au régiment de Beauvoisis et mourut le 4 décembre 1789. Il avait épousé, le 3 novembre 1789, *Marie-Madeleine-Félicité Glinart*, dont il eut *Pierre-Louis-Charles Motte*, qui fut le dernier seigneur de Bizancour. Pierre-Louis-Charles Motte de Bizancourt mourut le 3 février 1817. Il avait épousé *Françoise-Aimée Garnier*, fille de Louis-Lucien-François Garnier et de Louise-Aimée Bourdon : elle mourut le 30 novembre 1863. De leur union naquirent : 1° Alexandre-Louis-Ernest Motte de Bizancourt, receveur des domaines, marié à Marie-Caroline-Philippine Garreau, dont deux filles ; 2° Marie-Louise-Aimée Motte de Bizancourt, qui épousa Pierre-Léonor Fabignou, juge au tribunal civil de Beauvais, morte le 16 avril 1882 ; 3° Charles-Marie Motte de Bizancourt, propriétaire à Paris ; 4° Léopold-Marie-Marcelline Motte de Bizancourt ; 5° Pierre-Stanislas-Elphège Motte de Bizancourt (2).

1. Cabinet de M. de Troussures.
2. Cabinet de M. Ricard René.

Alexandre Molle de Bizancourt, par partage du 7 décembre 1820, hérita Bizancourt et le vendit, le 23 avril 1876, à M. Pierre-Toussaint Prévost, propriétaire à Beauvais, qui le revendit, en 1882, à M. Quémin, marchand tailleur à Beauvais.

LES BOETTES. — Écart se composait autrefois d'une ferme, aujourd'hui détruite. Cette ferme, nommée, en 1557, la *Maison des trois Boettes*, était alors occupée par Antoine Pourée (1).

LE BOIS D'ARGIES et le FIEF DE BEAUPRÉ. — Ancienne ferme, aujourd'hui détruite, chef-lieu du *fief de Beaupré*, située à l'est de Vaux, sur le chemin qui conduit à Sénéfontaine. Cet écart tire son nom des anciens d'Argies, possesseurs d'une partie de la seigneurie de Berneuil, et c'est à tort qu'on l'a nommé le Bois d'Argile. Ce fief de Beaupré était possédé, en 1600, par *Nicolas des Essars* et *Anne Loisel*, sa femme.

Nicolas des Essars, seigneur du Bois d'Argies, était le fils de Claude des Essars, marchand, bourgeois d'Amiens, et de Suzanne de Nully; il était contrôleur et élu en l'élection de Beauvais, et avait épousé *Anne Loisel*, fille de Nicolas Loisel et de Marguerite de Nully. Il en eut :

1° *Anne des Essars*, née en 1597.
2° *Jean des Essars*.
3° *Pierre des Essars*, qui épousa Marie Patin.
4° *Adrien des Essars*, receveur et payeur des officiers de l'élection de Beauvais, marié, en 1611, à Madeleine Le Bègue, dont Jean des Essars, né en 1612.
5° *Marguerite des Essars*, mariée à Jean Mallet.
6° et 7° *Marie et Simonne des Essars*, jumelles, mortes jeunes.
8° *Nicole des Essars*.
9° *Marie des Essars*.
10° *Simonne des Essars*, née en 1616.

En 1666, le 2 septembre, Marie des Essars, fille majeure, demeurant à Beauvais, donna à Marguerite des Essars, sa nièce, l'une des filles de Pierre des Essars et de Marie Patin, la part qui lui appartenait par succession dans les fiefs de Beaupré, sis à Berneuil, d'Anjeinvillers, du Bail, du Val-Serquin et de La

____

(1) Cabinet de M. Burré : Titres de la seigneurie de Berneuil.

Folie, sis à Auneuil. Marguerite des Essars avait épousé, en 1623, Augustin Goguel, médecin à Beauvais. Elle avait pour frères et sœurs : Nicolas des Essars, né en 1627 et marié à Marguerite Leullier, Pierre des Essars, Marie des Essars, Thomas des Essars, né en 1631.

En 1749, mourut à la ferme du Bois d'Argies Claude-Augustin de Regnonval, seigneur de Beaupré, époux de Marie-Madeleine des Essars.

Le fief de Beaupré relevait de Flambermont.

LE FIEF DU BOIS D'ARGIES OU DE SAINT-SYMPHORIEN. — *Le fief du Bois d'Argies*, plus anciennement nommé le *fief de Longueau*, du nom de ses possesseurs, était dans le voisinage du fief de Beaupré. Ce fief consistait, en 1511, en 310 arpents de bois, sis au terroir de Berneuil, tenant d'un côté au bois qui fut à Jean Grégoire et depuis à Nicolas Le Bastier, d'autre côté au fief de Bourbon, d'un bout au dessay (aux terres défrichées) de Vaux, et d'autre bout aux terres de Sénéfontaine.

En 1400, il était possédé par *Bleul de Longueau*. En 1450, il était aux mains de *Blanchet de Harbonnières* et de *Jeanne du Mont*, sa femme. Après la mort de Blanchet, ce fief fut saisi à la requête d'un créancier à qui le dit Blanchet avait emprunté 140 livres pour fournir la dot de Jeanne de Harbonnières, sa fille, lors de son entrée en religion à l'abbaye du Moncel (1). Il fut adjugé par décret, le 20 janvier 1461, à l'abbaye du Moncel, qui en jouit pendant dix-neuf ans, et le céda, par échange, le 20 mars 1480, à l'abbaye de Saint-Symphorien de Beauvais. Ce monastère le conserva jusqu'à la Révolution.

Ce fief relevait du fief de Bourbon.

LE CHATEAU D'AUTEUIL et le FIEF DE LA FOLIE. — *Le Logis ou Château d'Auteuil* est un écart sis au sud de Berneuil et à la limite de son territoire. Il est ainsi nommé depuis que les seigneurs d'Auteuil y ont transporté leur résidence. Autrefois, ce lieu portait le nom de *La Folie* et était le chef-lieu d'un fief.

---

(1) Abbaye de femmes, de l'ordre de saint François et de sainte Claire, fondée en 1333, près de Pont-Sainte-Maxence.

Cet écart se compose aujourd'hui d'un château, d'un corps de ferme avec maison de jardinier.

Au XIV° siècle, le fief de La Folie était possédé, avec la terre de Vaux, par les enfants de *Jean de Boucaumont*, Jean, Robert ou Robinet, Antoine et Marie de Boucaumont. Ils en jouissaient indivisément, quand Jean, l'aîné, mourut, vers 1367; alors on fit cesser l'indivision, et une sentence, du 26 juin 1367, attribua le fief de La Folie à *Robinet* et *Antoine de Boucaumont*. Antoine mourut peu de temps après ce partage, et Robinet resta seul propriétaire du fief. Le logis seigneurial tombait en ruines et l'état des finances de Robinet ne lui permettait pas de le restaurer. Le 26 septembre 1369, il en fit don à *Jean Villet*, receveur en l'élection de Beauvais, à la charge de le loger pendant toute sa vie. Jean Villet fut effrayé des dépenses à faire pour le mettre en état, et le 27 octobre 1370 il le donna, aux mêmes conditions, à *Jeanne La Pitte*, femme de *Louis Des Champs* dit *Morel*, seigneur de Crécy (Saint-Sulpice). Celle-ci l'abandonna après quelques jours de résidence. Robinet de Boucaumont, redevenu propriétaire de son château de La Folie, le vendit, le 14 novembre 1570, à *Étienne du Metz*, écuyer, demeurant aux Vivrots. Le nouveau propriétaire ne trouva point, paraît-il, son acquisition bien avantageuse, car il la revendit, le 24 février 1572, à *Étiennette Le Coq*, veuve de *François Pajot*, seigneur d'Auteuil, et à *François II Pajot*, son fils, avec toutes les terres du fief, qui lui avaient aussi été vendues. Ce fief de La Folie comprenait alors deux hôtels manables entourés de fossés pleins d'eau, jardins, pourpris, 6 arpents de pré, une garenne de 21 arpents de bois, 60 arpents de terre labourable, divers cens et le droit d'usage pour les bestiaux dans les Coutumes de Perneuil (1). Il relevait de la seigneurie de Crécy.

François II Pajot (2), écuyer, seigneur d'Auteuil et de L'Équipée, demeurait avec sa mère au manoir de L'Équipée; mais, quand le logis de La Folie eut été convenablement restauré, il vint s'y

---

1. Archives du château d'Auteuil.

2. Pajot : *D'azur, au chevron d'or, accompagné de 3 roses du même, 2 en chef et 1 en pointe.*

liver avec sa mère, et avec *Marie Le Clerc*, du Tremblay (1), sa femme. Restée veuve, Marie Le Clerc se remaria avec Louis de Giffart. De son premier mariage naquirent :

1º *François Pajot*, seigneur d'Auteuil.
2º *Marie Pajot*, dame de Fercourt, La Boissière, qui épousa Charles de Combauld, seigneur des Clayes.

François III Pajot, chevalier, baron de Maffliers, seigneur d'Auteuil, L'Equipée, La Folie, Vessencourt, Monsoult, Bethmont, capitaine de cinquante hommes d'armes des ordonnances du roi, acquit, le 28 juin 1602, de Jacqueline de Bouraumont, femme d'Aliénor de Renel, dame de Vaux, le tiers des censives de La Folie. Il épousa *Jeanne de Bacouel*, et la laissa veuve et sans enfants en 1628. Elle épousa en secondes noces M. de Brouilly. François Pajot, par son testament, avait laissé tous ses biens à Marie Pajot, sa sœur.

Marie Pajot, dame de Fercourt, devenue dame d'Auteuil et de La Folie par la mort de son frère, avait épousé, le 1er mars 1603, *Charles Ier de Combauld* (2), conseiller et secrétaire du roi, seigneur de Clayes. Ce gentilhomme, accompagnant le duc de Sully dans une ambassade en Angleterre, prit part à une folle équipée, dans laquelle un anglais fut tué. De Combauld fut condamné à mort, et il allait être exécuté quand l'argent et le crédit de Sully lui procurèrent le moyen de s'évader et de regagner la France (3).

De leur mariage naquirent :

1º *Marie de Combauld*, morte au berceau.
2º *Charles de Combauld*, seigneur d'Auteuil.
3º *Nicolas de Combauld*, mort jeune (1628).
4º *Madeleine de Combauld*, dame de Fercourt, qui épousa (1625) Jean Perrot, seigneur de Saint-Dié.
5º *Jeanne de Combauld*, mariée à Pierre Pavlourean, conseiller au Parlement.

1. Le Clerc : *D'azur, au chevron d'or, accompagné de 3 roses de gueules pointées d'or, 2 et 1.*

2. Combauld : *D'or, à 3 merlettes de sable, au chef de gueules.*

3. Mém. du duc de Sully.

Charles II de Combauld, chevalier, seigneur d'Auteuil, La Folie, Vessencourt, L'Équipée, maréchal des camps et armées du roi, fut le gouverneur et précepteur d'Henri-Jules de Bourbon, duc d'Enghien. Historien et généalogiste distingué, d'une vaste et incontestable érudition, il avait amassé de nombreux matériaux pour l'histoire ecclésiastique, civile et nobiliaire de son pays. Les manuscrits d'André Duchesne (1) en font foi, et Louvel, dans la dédicace de ses *Remarques sur la noblesse du Beauvoisis*, le remercie de sa collaboration si large à la rédaction de cet ouvrage, comme à celle de son *Histoire de Beauvais et du Beauvoisis*.

Charles de Combauld a composé lui-même plusieurs ouvrages. On a de lui : *Discours abrégé de l'Artois, membre ancien de la couronne, et de ses possesseurs, depuis le commencement de la monarchie*; Paris, 1640, in-4°. — *Histoire des favoris et des ministres d'État, qui ont fleuri sous les rois de la troisième lignée*; Paris, 1642, in-folio, et 1657, 2 vol. in-12. — *Blanche, infante de Castille, mère de saint Louis, reine et régente de France*; Paris, 1644, in-4°. — *Le roi Childebrand*; Paris, 1659, in-4°. — *Généalogie de la maison de Combauld*; Paris, Percheron, 1628, in-4°. Ce dernier, quoique signé Pierre Dhozier, est incontestablement de Charles de Combauld. Il souleva bien des critiques; on reprocha à l'auteur de faire descendre les Combauld des Bourbon-l'Archambauld. Charles de Combauld tint tête à la critique et accumula documents sur documents pour justifier son assertion. Cette justification parut suffisante au roi et à son conseil, qui lui accordèrent des lettres-patentes de maintenue et l'autorisèrent à charger le premier canton du chef de ses armes d'un écusson de Bourbon ancien. Les Combauld d'Auteuil portent depuis lors leurs armes ainsi modifiées : *D'or, à trois merlettes de sable, au chef de gueules, chargé en son premier canton d'un écusson de Bourbon ancien, qui est : d'or, au lion de gueules, à l'orle de huit coquilles d'azur.*

Louis XIV estimait Charles de Combauld et érigea en comté sa terre d'Auteuil, par lettres-patentes du 15 mai 1651. L'évêque-comte de Beauvais consentit à cette érection au mois de no-

---

1 Conservés à la Bibliothèque nationale de Paris.

vembre 1656, mais à la condition expresse que le nouveau comté continuerait à relever du comté de Beauvais (1).

Charles de Combauld fit reconstruire son château de La Folie et restaura la chapelle pour laquelle il fit peindre des tableaux représentant Sixte-Quint, accompagné d'un cardinal et d'un évêque ; le bienheureux Gobert d'Apremont ; saint Jean de Montmirail ; saint Guillaume, duc d'Aquitaine ; saint François de Paule ; saint Thibault de Montmorency ; saint Charles de Châtillon, dit de Blois, duc de Bretagne, avec des inscriptions où ces différents personnages sont dits parents ou alliés de la famille. Sur les lambris de cette chapelle il fit aussi peindre la généalogie de sa maison avec des écussons aux armes de chaque personne (2).

Charles de Combauld mourut le 31 août 1670. Il avait épousé, le 6 septembre 1629, *Louise de Lameth de Bournonville* (3), qui mourut le 7 avril 1647, après avoir eu pour enfants :

1° *Charles de Combauld*, qui succéda à son père.
2° *Louise de Combauld*, demoiselle d'honneur de la reine.
3° *Nicolas de Combauld*, né en octobre 1630.
4° *Alexandre de Combauld*, né en 1631 et mort le 16 mai 1632.

Charles III de Combauld, comte d'Auteuil, seigneur de La Folie, etc., épousa *Françoise de Blottefière* (4), dont il eut :

1° *Charles-Gilbert de Combauld*, comte d'Auteuil.
2° *Marie-Madeleine de Combauld*, mariée : 1° à François du Mesnil-Jourdain, seigneur de Bercagny ; 2° vers 1704 à Philbert-Antoine de Montigny.
3° *Louis-César de Combauld*, vicomte d'Auteuil, qui épousa Thérèse Le Mennier, dont vinrent :

(1) D. Grenier, t. CXCIII, p. 218 — L'Éperon, t. I, p. 11. — Archives du château d'Auteuil.

(2) Pour la description de cette chapelle et du château voir : *Auteuil. Notice historique et archéologique*, par l'abbé Delafrene, p. 42, Pété, 1877, et *Mém. de la Soc. Acad. de l'Oise*, t. IX, p. 632 et suivantes.

(3) Lameth : *De gueules, à la bande d'argent, accompagnée de six croix recroisettes de même, au pied fiché ; écartelé, de Neuville, qui est : fretté de gueules, brisé d'un franc canton d'or, à une étoile à six rais d'azur.*

(4) Blottefière : *D'or, à trois chevrons d'or.*

> a. *Louis-Hubert de Combauld*, colonel de dragons, mort le 9 juin 1771.
>
> b. *Charlotte-Élisabeth de Combauld*, mariée à Bertrand-François Mahé de La Bourdonnaye, capitaine de frégate.
>
> c. *Louise-Thérèse de Combauld*, mariée à Jean-François-Joseph, comte de Tanlignao.

4° *Françoise-Charlotte de Combauld*, mariée (1701) à Claude Menel, seigneur de Boisvilliers.

5° *Jeanne de Combauld*, née en 1675.

6° *Alexandre de Combauld*, né le 11 janvier 1678.

Charles-Gilbert de Combauld, comte d'Auteuil, seigneur de La Folie, L'Équipée, épousa *Marie-Angélique Colelle de Burcy*, dont il eut :

1° *Charles IV de Combauld*, dit de Châtillon, du fief de ce nom, sis à Auteuil, près de L'Équipée, comte d'Auteuil. Il posséda la terre indivisément avec ses frères, qui habitaient avec lui le château de La Folie. Il mourut le 14 janvier 1718, sans avoir été marié.

2° *Léon de Combauld*, comte d'Auteuil et chef de sa maison après le décès de son frère Charles, mort le 23 octobre 1782, sans alliance.

3° *Louis-Alexandre de Combauld de Châtillon*, officier des grenadiers du roi, mort sans enfants le 15 mars 1787.

4° *Philbert-Antoine de Combauld*, qui laissa postérité.

5° *Jane-Claude de Combauld*, capitaine au régiment de Bourgogne, mort sans postérité.

6° *Charles de Combauld*, capitaine au régiment de dragons de Condé, puis officier de marine, mort à Saint-Domingue. Il fut père de :

> a. *Louis-Charles-César de Combauld*, né à Pondichéry, le 30 décembre 1743. Maréchal de camp, il fut attaché pendant soixante-deux ans au prince de Condé, fit sous lui les trois dernières campagnes de la guerre de sept ans, fut son aide de camp dans toutes les opérations militaires de l'armée des réfugiés français, dite armée de Condé, pendant la Révolution de 1793, et a laissé des mémoires fort intéressants sur ces campagnes. Il est mort à Magny, le 13 mars 1825, marié à *Perrette-Thérèse Mahé de La Bourdonnaye*, dont :

> a. *Bathilde-Henri-Joseph de Combauld*, mort en 1776.
> b. *Charles-Louis-Hercule de Combauld*, mort jeune.
> c. *Louis-Joseph Camille de Combauld*.
> d. *César de Combauld*, mort sans alliance.

B. *Pierre-Adrien-Auguste de Combauld*, maréchal de camp, écuyer, aide de camp, puis capitaine des chasses du prince de Condé, mort à Chantilly le 13 octobre 1827.

C. *Charles de Combauld*, aide de camp du prince de Condé, mort sans alliance.

D. *Hercule de Combauld*, établi et marié en Autriche, où il prit du service dans les armées de l'empereur.

Philbert-Antoine de Combauld, devenu le chef de titre de la maison d'Auteuil par la mort successive de ses frères, comparut comme seigneur d'Auteuil et de La Folie, en 1789, à l'assemblée de l'ordre de la noblesse du bailliage de Beauvais, pour prendre part à la rédaction du cahier des plaintes et doléances de son ordre et nommer un député aux Etats-Généraux. Il mourut le 31 décembre 1790. Il avait épousé, le 31 mars 1767, *Marie Madeleine-Jeanne de Goudechart* (1), dont il eut :

> 1° *Alexandre de Combauld*, comte d'Auteuil.
> 2° *Charlotte-Marie-Antoinette de Combauld*, mariée, le 13 février 1787, à Nicolas-Louis de Carvoisin, marquis d'Achy.
> 3° *Thérèse de Combauld*, morte jeune.

Alexandre de Combauld, chevalier de Saint-Louis et officier au régiment des gardes françaises, en 1787, eut la terre d'Auteuil après la mort de son père, et mourut lui-même en son château d'Auteuil, le 21 septembre 1806. Il avait épousé *Marie-Elisabeth Quentin de Champlost* (2), qui mourut, en 1808, à Fleury-la-Forêt (Eure), et dont il eut deux enfants morts avant lui.

1° *Alfred-Armand de Combauld*, qui épousa, le 12 janvier 1829, *Marie-Louise Le Duc de Lillers*, et mourut le 15 décembre 1835. Sa femme était morte avant lui en donnant le jour à

1 Goudechart : *D'argent, à 9 merlettes de gueules mises en orle.*

2 Quentin de Champlost : *D'azur, à 3 pommes de pin d'or.*

Marie-Archambault de Combauld, comte et possesseur de la terre d'Auteuil après la mort de son grand-père (1855), conseiller général de l'Oise pour le canton d'Auneuil, qui fit reconstruire entièrement son château d'Auteuil et la ferme qui l'avoisine, aménagea supérieurement sa propriété et mourut universellement regretté et à la fleur de l'âge, le 18 juillet 1865. Il n'était pas marié.

2° *Léon de Combauld*, qui mourut, le 4 avril 1810, marié à *Louise-Adrienne-Marguerite Perrin de Cyprière* (1), dont il eut :

      A. *Maurice de Combauld*, mort le 23 juin 1810.

      B. *Armand de Combauld*, actuellement vivant et marié, possesseur du titre et de la terre d'Auteuil, depuis 1865, comme héritier de son cousin Marie-Archambault de Combauld.

LES NIARDS. — Les Grands-Niards et les Petits-Niards sont deux écarts de peu d'importance qui se sont jadis établis près des *Communes*, peut-être à cause d'elles, et dont les premiers habitants portaient le nom patronymique de *Niard*. Ils faisaient partie des fiefs de La Salle et de La Folie.

LE NIARD-LÈS-VIVROTS. — Autre écart, composé de deux habitations, autrefois un peu plus important. Il devait aussi son origine au voisinage des *Communes*.

LE MOULIN DES VIVIERS OU DES VIVROTS. — Autre écart situé à l'extrémité orientale des Vivrots, appartenant jadis au fief de La Salle et aujourd'hui à Madame la marquise d'Agrain.

LE PONT. — Ferme à l'extrémité du territoire, doit son nom à un pont voisin jeté sur le rû de Berneuil. Elle appartient aujourd'hui à M. Lagrené, propriétaire de la terre de Frocourt.

VAUX (*Vallis, Vols*). — Ce village, situé dans un petit vallon, doit sa dénomination à sa situation physique. Il est fort ancien et avait ses seigneurs au XII° siècle.

Les titres de l'abbaye de Saint-Paul nous en font connaître plusieurs. La charte de confirmation de ses biens, donnée, vers

____

1 *Perrin de Cyprière : D'or, au lion de sable rampant contre une colonne de gueules à senestre.*

1117, par Odon, évêque de Beauvais (1), ratifie la donation de la terre de Valoires faite par Ursion de Vaux (2), et celle du quart du territoire de Mésanguy (Villotran) par Odon de Vaux (3).

Quelque temps auparavant, *Girard de Mauquenchy* (4), seigneur de Mauquenchy (5) et de Vaux (*dominus apud Vaus*), avait donné différentes terres à Vaux (6).

Gaudefroy de Mauquenchy, son fils, ratifia la donation, et après sa mort, *Ermentrude*, sa veuve, renonça en faveur de l'abbaye de Saint-Paul, à tous les droits qu'elle pouvait avoir conservé sur les biens cédés par son beau-père, et abandonna le droit de nommer à la cure de Berneuil, avec tous les droits y afférent et la dîme du lieu (7). Drogon de Mouchy, comme seigneur de Berneuil, confirma le tout.

Ermentrude prit ensuite l'habit religieux à l'abbaye de Saint-Paul.

Girard II de Mauquenchy, seigneur de Vaux, son fils, en considération de l'entrée de sa mère en religion à Saint-Paul, fit aussi de grandes donations à l'abbaye. Vers 1150, Béatrix de Mauquenchy, fille de Girard II, et Robert de Pency, son mari, inquiétèrent les religieuses au sujet de la possession et de la seigneurie de ces biens. L'abbesse Marsilie défendit ses droits et invoqua l'appui du roi de France. Louis VII, étant à Beauvais, fit venir pardevant lui les parties et condamna Robert de Pency et sa femme à se désister de leurs prétentions mal fondées. Les lettres-patentes attestant ce jugement furent données à Gisors en l'an 1155 (8). Ce jugement n'arrêta point les discussions, paraît-il,

1. L'abbé Delaleue : *Hist. de l'abbaye de Saint-Paul*, p. 27, 28 et 216.

2. *Ex dono Ursionis de Vallibus terram de Valesiis. Hist.* préc., p. 217.

3. *Ex dono Odonis de Vallibus quartarium de Mesengio.* (Ibid.)

4. Mauquenchy : *D'azur, à la croix d'argent, cantonnée de 20 croisettes au pied fiché d'or.*

5. Commune du canton de Forges-les-Eaux (Seine-Inférieure).

6. Arch. de l'Oise : *Fonds de l'abbaye de Saint-Paul.*

7. *Ex dono Ermentrudis uxoris Ganfridi de Malchensi ecclesiam de Bernolo et totam decimam. Item ex dono ejusdem, concedente Drogone de Monchiaco, quicquid habent in villa que dicitur Vals.* (Ibid.)

8. Ibid.

car, en 1169, l'affaire fut portée pardevant le pape Alexandre III,
alors qu'il était à Paris. Les parties se présentèrent encore et
finirent par s'arranger. Robert de Feney renonça à ses prétentions et l'abbesse lui donna en récompense 20 livres parisis. Le
pape confirma la transaction (1).

En 1183, Jean de Trie et Guillaume de Mello, seigneurs de
Berneuil, donnèrent à la même abbaye le bois des Trapes, sis à
Vaux, fonds et seigneurie, à la condition qu'elle le ferait défricher et mettre en culture dans l'espace de dix années, *feodum et
dominium que in bosco de Vaus cognomine Trapes habuimus...
donavimus ad disrumpendum... et infra decem annos predictum
nemus disrumpetur* 2. Les religieuses le firent défricher, et ce
fut le commencement de leur ferme et de leur seigneurie de
Vaux. Les Mauquenchy disparurent de Vaux et leur seigneurie
fut à l'abbaye.

En 1173, Gautier Marcelot avait aussi donné la moitié de la dîme
de Vaux, et, en 1189, Jean de Buchy avait aumôné le reste 3.

En 1225, Pierre de Berneuil et Marie, sa femme, avaient un
instant contesté les droits seigneuriaux de l'abbaye sur une partie
des terres qu'elle possédait; mais sur l'avis de personnes pru-
dentes, ils renoncèrent à leurs prétentions et abandonnèrent
tous les droits de seigneurie et de justice qu'ils pouvaient avoir
sur ces terres (4).

Ce domaine de l'abbaye s'accrut successivement par des donations faites par divers particuliers, et notamment par Godefroy, dit Barragan, en 1232; Jean Carétaire, en 1238; par Guy
de Vaux, chapelain de Saint-Pierre de Beauvais, en 1238; ou
par des acquisitions provenant de Guillaume, ancien maire de
Vaux, de Germain, son fils, en 1215, et d'autres 5.

(1) Arch. de l'Oise : *Fonds de l'abb. de Saint-Paul.*

2. Arch. de l'Oise : *Fonds de l'abb. de Saint-Paul. — Vaux.*

3. Ibid.

4 *Quidquid juris vel justicie habebant, vel dicebant se habere, vel
aliquo modo habuisse, in tota terra dictarum monialium de Vaus, tam in
hospitibus quam in terris et nemoribus et omnibus aliis ad dictas mo-
niales pertinentibus in perpetuam elemosinam quittaverunt et concesserunt (Petrus de Bannen et Marie uxor ejus). — Arch. de l'Oise: loc. cit.*

5. Ibid.

Le domaine et la seigneurie de l'abbaye s'agrandissaient si bien qu'une sentence de la prévôté d'Angy, de l'an 1388, reconnaissait que les religieuses de Saint-Paul possédaient, à cette date, la moitié de la seigneurie de Vaux (1).

Cette propriété seigneuriale de l'abbaye de Saint-Paul, appelée l'*Ancienne ferme*, était affermée, en 1711, moyennant 110 livres d'argent, 25 muids (2) de blé, 3 muids d'avoine et 2 muids d'orge. Le fermier payait en outre au curé de Berneuil 1 muids 6 mines de blé. Le bail de 1787 était fait moyennant 100 livres d'argent, 25 muids de blé, 16 muids d'avoine et 2 d'orge. La nation vendit, en 1790, cette ferme avec 101 mines de terre en dépendant à Lefébure Isidore, pour la somme de 35,900 livres (3).

Si l'abbaye de Saint-Paul possédait, au XIVe siècle, la moitié de la terre et de la seigneurie de Vaux, l'autre moitié, d'après un titre de 1388 (4), était en la main de *Jeanne*, veuve de *Jean de Villers*, conjointement avec *Jean de Villeneuve*, écuyer. En 1412, Jean de Villers, écuyer, acquérait d'Enguerrand de Berneuil un jardin sis à Vaux (5). Cette moitié de seigneurie, divisée en deux fiefs, relevait de la seigneurie d'Auteuil. Le dénombrement de Guillaume de Hellande décrit ainsi ces deux fiefs en 1451 :

« Item dudict fief d'Auteuil sont tenus plusieurs arrière-fiefs, c'est assavoir :

« Jehan de Villers en tient ung fief séant à Vaux sous Varneu, qui s'estend en ung manoir et jardin tout ainsi qu'il se comporte.

— Item trois muids six mines de terre labourable en plusieurs pièces. — Item deux muids six mines de terre en plusieurs pièces

(1) Arch. de l'Oise : *Fonds de l'abb. de Saint-Paul.* — Vaux.

(2) Le muid de blé, à la mesure de Beauvais en usage à Berneuil, valait 3 hect. 09 lit. 12 c. — Le muid d'avoine, contenant 3 sacs, valait 3 hect. 10 lit. 61 c. — Le muid d'orge, contenant aussi 3 sacs, valait 1 hect. 30 lit. 52 c.

(3) L'abbé Delattre : *Hist. de l'abbaye de Saint-Paul*, p. 235. — Arch. de l'Oise : *Fonds de l'abb. de Saint-Paul.*

(4) Arch. de l'Oise : Ibid.

(5) Ibid.

tenues à campart, auxquels ledict de Villers prent la moictié, et l'aultre moictié dudict campart et de la justice et seigneurie des dits deux muids six mines appartient aux religieuses de Sainct-Paul. — Item trois arpens de pré en plusieurs pièces. — Item six mines de terre séant au Ploys. — Item soulloit estre deub de cens chacun an, à cause dudict fief, vingt-sept sols, seize chappons et vingt-sept mines d'avoine. — Item le bois des Trappes, contenant six arpens trois quartiers.

« Item Jehan de Villeneuve, escuyer, tenoit ung fief dudict Boulate (seigneur d'Auteuil, situé à Vaux, qui contient trente-six mines de terre labourable. — Item six arpens trois quartiers de bois, au lieu que on dict Trappes. — Item arpent et demy de pré. — Item ung courtil qui fut à Jehan de Vaulx. — Item le courtil qui fut Barbe. — Item de cens, chacun an, quatre sols, dix chappons, douze pains chacun d'ung denier, et dix-neuf mynes trois quartiers d'avoyne. »

La postérité de *Jean de Villers* a conservé pendant longtemps son fief de Vaux. Les titres de l'abbaye de Saint-Paul en font foi. En 1501, 1511, 1520, 1521, ils font mention de Jean de Villers, écuyer, seigneur de Vaux. En 1503, Jean de Villers, seigneur de Vaux, et Jeanne de Noyers, sa femme, achètent d'Étienne de Mercâtel, chevalier, seigneur de Mercâtel, et de Françoise de Cœurvert, sa femme, plusieurs pièces de terre sises à Vaux, provenant de la succession de Jean de Mercâtel, père dudit Étienne. En 1539, Jean de Villers, écuyer, seigneur de Vaux, fait avec l'abbaye une transaction, et en 1555 Jean de Villers était qualifié des mêmes titres (1) lors de la saisie et de la vente de ses biens, et il était alors marié à Jeanne de Vaux.

Au XVIe siècle, le fief de Jean de Villeneuve et celui de Jean de Villers vinrent aux *Boucaumont*. En 1519, les enfants de Jean de Boucaumont, *Jean, Robert* ou *Robinet, Antoine* et *Marie de Boucaumont*, se qualifiaient seigneurs de Vaux, de La Folie et de Berneuil en partie, quand ils vendirent la moitié des champarts de Vaux (2) à Pantaléon Le Boucher, marchand à Beauvais, qui venait d'acheter la terre de Grumesnil (Auteuil). Ils jouissaient

<hr>

(1) Arch. de l'Oise : *Fonds de l'abb. de Saint-Paul.*
(2) Arch. de l'Oise : *Fonds de l'abb. de Saint-Paul.*

indivisément de leurs biens et de leurs fiefs. *Jean de Boucaumont*, l'un des frères, étant mort vers 1567, l'indivision dut cesser. Les biens furent licités, et le 26 juin 1567 la terre et seigneurie de Vaux fut adjugée à *Catherine de Popaincourt* (1), veuve de Jean de Boucaumont (2).

Le 9 mai 1571, *Jacqueline de Boucaumont*, fille de Jean de Boucaumont et de Catherine de Popaincourt, épousa *Pierre Dey* (3), écuyer, seigneur de Coupet, et lui apporta en dot le fief de Vaux, sa mère toutefois s'en réservant l'usufruit. Le 12 avril 1571, Pierre Dey en faisait les foi et hommage à François Pajot, seigneur d'Auteuil (4). De leur mariage naquirent :

1° *François Dey* et 2° *Suzanne Dey*.

Pierre Dey mourut avant 1608, et sa veuve épousa en secondes noces *Aliénor de Resnel* (5), écuyer, seigneur de Baillibault, qui fit les foi et hommage, le 31 mars 1608, pour son fief de Vaux. De ce mariage naquit *Louis de Resnel*.

Après la mort de Jacqueline de Boucaumont, ses trois enfants, *François Dey, Suzanne Dey* et *Louis de Resnel*, se partagèrent la terre et seigneurie de Vaux. Suzanne Dey, étant décédée vers 1640, laissa sa part à François Dey, son frère; mais celui-ci, se trouvant âgé et sans alliance, fit don de sa terre et seigneurie de Vaux à Louis de Resnel, écuyer, seigneur de Baillibault, son frère utérin, par acte du 12 avril 1649, confirmé le 9 février 1657, en s'en réservant la jouissance jusqu'à son dernier jour. Il mourut le 2 février 1658, et Louis de Resnel était mort vers 1650.

François de Resnel, fils de Louis, devint alors possesseur unique de la seigneurie de Vaux. C'était un chevalier distingué qui devint capitaine des galères du roi. Il avait épousé *Elisabeth de Thouret*, dont il eut plusieurs enfants, entre autres Gratien de Resnel, Elisabeth de Resnel, Louis de Resnel, né en 1667. Il faisait sa résidence habituelle en son hôtel seigneurial de Vaux. Les dépenses de sa maison et le train qu'il menait à la cour et

------

(1) Popaincourt : *D'azur. à la croix engrêlée d'or.*

(2) Archives du château d'Auteuil.

(3) Dey : *D'azur, à 3 chevrons d'or.*

(4) Archives du château d'Auteuil.

(5) Resnel : *Palé d'or et de gueules de six pièces.*

dans le service de sa charge lui firent contracter des dettes telles que sa terre de Vaux fut saisie en 1686 et adjugée, par décret, le 22 janvier 1687, à l'abbaye de Saint-Paul.

Cette abbaye se trouvait donc ainsi maîtresse de toute la seigneurie de Vaux. La récente acquisition forma une exploitation distincte de l'ancienne; on la nomma la *Nouvelle ferme*. Elle était louée, avec les censives et les champarts en dépendant, 750 livres en 1711, et le bail de 1789 accuse un fermage de 1,600 livres, 18 muids de blé, 6 d'avoine et 2 d'orge. La nation la vendit, en 1791, le 12 juin, corps de ferme et 327 mines de terre la composant, à François Oudaille pour la somme de 73,600 livres.

LES VIVROTS. — Village assez important, sur le chemin de Berneuil à Frocourt. Il doit son nom aux *Viviers* ou petits étangs, dans le voisinage duquel il était établi. Il n'avait pas de seigneurie particulière, mais relevait des fiefs de La Salle, des Bruyères ou de Bizancourt.

LIEUX-DITS.

SECTION A. — LE BOIS D'ARGIES.

Le Bois d'Argies.
La Barrière.
Le Chemin Vert.
La Renardière.
La Prairie de Vaux.
Sous le Bois de Saint-Symphorien.
La Croix du bois d'Argies.

La Maison de Louis Niard.
Le Bois de Saint-Symphorien, ancienne propriété de l'abbaye de Saint-Symphorien de Beauvais.
Le Bois du Roi, faisait partie du fief de Bourbon qui a appartenu au roi.

SECTION B. — BIZANCOURT, LES VIVROTS.

Les Épinettes.
Les Onglées, autrefois les Anglées, les Angelées, lieu jadis habité.
Le Bois de Bizancourt.
BIZANCOURT.
Le Bosquet Gratien, du nom de l'un de ses possesseurs.
Le Quesnel, autrefois le Quesne (e chêne).
Le Château de la Salle, ancien chef-

lieu du fief de La Salle, où existait un manoir féodal dont on voit encore la motte.
Les Croisettes.
Les Callenges.
Le Pendant des Vivrots.
LES VIVROTS.
Les Prés des Coutumelles.
Les Coutumelles ou Pré des Coutumes.

LE PONT.
LES BOITTES.
La Fontaine des flambeaux, fontaine où l'on se réunissait jadis avec des torches allumées pour y faire des cérémonies plus ou moins superstitieuses.
Le Bois Saint-Pierre, ayant jadis appartenu au Chapitre de Beauvais.
La Pâture Saint-Pierre.

SECTION C. — LES GRANDES COUTUMES.

Les Grandes Communes, autrefois bois où les habitants avaient droits d'usage pour le bois de chauffage et pour le pâturage des bestiaux.
La Quénotte ou le Chêne Oté.
Les Petites Communes.
LES PETITS NIARDS.
Le Camp des Mailles ou le Champ de Maille.
La Place Firmin.
Les Prés Saint-Antoine, ayant jadis appartenu à la maladrerie de Saint-Antoine de Marissel.
Le Marais.
NIARD LES VIVRORS, autrefois nommé Sous les Communes.

SECTION D. — LE CHATEAU D'AUTEUIL.

Sous le Bois d'Auteuil.
LES GRANDS NIARDS, hameau.
Le Bois de La Folie ou du Fief de La Folie.
Le Champ Monsieur.
Le Grand Pré.
LE CHATEAU D'AUTEUIL, écart.
Les Mallencourts ou les Mal en-Cour.
La Maison Caillet, du nom de son possesseur.
La Rue aux Prêtres, la rue où était le presbytère.
Le Calcaire.
BERNEUIL.
La Terre Poule ou la Terre à Poules
Les Terres blanches.
Le Dessus du Moulin à vent.
Le Moulin à vent, aujourd'hui détruit.
Le Muid ou la terre de la contenance d'un muid ou 3^b 6^c 37e.
Le Dessous du Moulin à vent.
l'Hormelet, l'Ormelet et l'Ommelet
Les Foisselles.
Le Chemin Herbu.
Le Larris Watelet.
Le Fond du bois Nicert.
La Fosse Hubert.
La Haie Torte ou Tortueuse.
Au-dessous du bois d'Aulin.
Le Larris du bois d'Aulin.
Le Chemin de Vablampierre.
La Cacée de Malassise.
Le Dessous du bois Kaisselle, ou du bois ayant appartenu à M. de Kessel, seigneur de La Neuville-Garnier.
La Cubitte et l'Aculoir.
Le Buisson Gogo.
Le Dessous du Larris.
Les Trois Cornets et la Fourchette.
Les Bouillets ou les Bouleaux.
Les Longues Rayes.
Le Cafarin Noyé.
Le Chemin de La Neuville-Garnier.

SECTION E. — LE MONT FLORENTIN.

La Croix Monsieur.
La Fosse Wallier.
La Bonne Mie.
Le Chemin de Villotran
Le Chemin d'Auneuil.
BERNEUIL.
Le Casarin.

Le Dessus du chemin de La Neuville.
Le Dessus du Larris.
Le Mont Florentin.
Le Mont Renard.
L'Avoine dérobée.
Le Cornouiller.
La Salle.

SECTION F. — VAUX.

La Rue Binette.
Le Moulin Brulé.
Le Palis.
Le Plis.
La Tarte.
Les Chancrières.
Le Titlot ou le Tilleul.
La Prairie de Vaux.
La Grignotte.
Les Gloriettes.
Le Péré.
La Couture, autrefois la Culture.
VAUX.
La Terre forte.
La Fosse Saint-Frais.
Le Larris Villers, du nom de l'an-

cien seigneur nommé de Villers.
La Plaine, autrefois Bois des Trapes.
La Colozière ou Colrisière.
La Fosse.
Le Trésor.
Les Cailloux.
La Terre d'Aumont ou du Mont
  de la Montagne.
Les Blanchards.
Les Larris de Vaux.
Le Bois du Moulin.
Sous la Cornouillière, autrefois la
  Cornaillerée.
Les Longues Rayes.
Le Chemin de La Neuville.
La Voirie.

SECTION G. — BERNEUIL.

Les Freyers ou les Friches.
Les Gloriettes.
Entre les deux petits chemins.
La Forêt
Les Rôtis.
Le Plan de Bizancourt.
La Queue des Longs Prés.
La Montagnelle.
Le Hauger.
La Carbonnière.

L'Argillière.
Les Petits Prés.
La Grande Prairie.
Le Vieux Moulin.
L'Essart ou Bois défriché.
BERNEUIL.
Derrière les Jardins.
Sous le chemin d'Auneuil.
Les Pendants de Vaux.

www.ingramcontent.com/pod-product-compliance
Lightning Source LLC
Chambersburg PA
CBHW071325030726
47594CB00002B/541